冯善良

杨亚娟◎著

嫩江水冲

玛瑙

鉴赏图录

时代出版传媒股份有限公司

安徽美术出版社

全国百佳图书出版单位

图书在版编目（CIP）数据

嫩江水冲玛瑙鉴赏图录/冯善良，杨亚娟著.—合肥:安徽美术出版社，
2011.5
ISBN 978-7-5398-2741-4

Ⅰ．①嫩…　Ⅱ．①冯…　②杨…　Ⅲ．①玛瑙－鉴赏－
图录　Ⅳ．①P578-64②TS933.21-64

中国版本图书馆CIP数据核字(2011)第070213号

特别声明

　　书中载录之所有艺术品（藏品）及文字，系作者或藏品所有人为说明或补充说明内文而提供，仅作展示参考之用途，本社不承担其真伪、瑕疵及市场价值的认定和担保责任，敬请读者谨慎注意，特此声明。

本社法律顾问：安徽承义律师事务所　孙卫东律师

嫩江水冲玛瑙鉴赏图录

冯善良　杨亚娟/著

安徽美术出版社
北京市十月印刷有限公司
全国新华书店发行
开本787×1092毫米　1/16　印张14
字数60千字　印数1-3000
2011年7月第1版　2011年7月第1次印刷

ISBN　978-7-5398-2741-4

定价：78.00元

序：做奇石文化的开拓者

　　2010年的春天，来得特别早，二月刚过就感觉到了暖意。受齐齐哈尔市嫩江水冲玛瑙收藏、研究专家冯善良先生和收藏鉴赏家杨亚娟女士之托，我为《嫩江水冲玛瑙鉴赏图录》专著作序，感到非常幸运。离开齐齐哈尔市嫩江水冲玛瑙奇石之乡已经40多年，故乡的人没有忘记我，我心里特别高兴。

　　嫩江水冲玛瑙是我儿时玩耍和显摆欣赏之物。它不光有丰富多彩的颜色，更有奇特美观的造型。但我并没有像冯善良先生和杨亚娟女士那样，把嫩江水冲玛瑙石的收藏和研究视为生命、生活的专项事业去完成。冯善良先生和杨亚娟女士是嫩江水冲玛瑙石研究、收藏的先行者。专著《嫩江水冲玛瑙鉴赏图录》一书内容丰富，不仅让人感受到玛瑙石的美丽，更让人感受到奇石文化的厚重，这是中华奇石文化研究的新成就。

　　齐齐哈尔史称卜奎，是一座历史文化名城，是新中国重工业基地与中国绿色食品之都，是中国魅力城市之一。它有全国最大的湿地和最著名的丹顶鹤之乡——扎龙，"鹤城"是齐齐哈尔特有的美称。

　　早在七千多年前，这块土地上就留下了人类的足迹，诞生了与黄河文化齐名的昂昂溪文化，传说中的中国第二长城——"金代东北路界壕"就雄踞界内。在这里，土著文化、流人文化（黑龙江特有专用词）和关东文化相互交融，形成了深厚的文化底蕴。清美的嫩江亘古流淌，像母亲一样哺育着两岸的土地和人民。嫩江水冲玛瑙石以质地细腻温润、色彩丰富艳丽、造型奇特美观而驰名天下，一些玛瑙石已是价值连城的珍品。

目前，奇石收藏界对嫩江水冲玛瑙石的研究还处于起步阶段，嫩江水冲玛瑙的艺术价值、文化价值和收藏价值还没有得到足够的重视。《嫩江水冲玛瑙鉴赏图录》的出版，是奇石收藏界的一件盛事，也是有史以来第一部专项研究嫩江水冲玛瑙的学术著作，填补了中华奇石中嫩江水冲玛瑙石的研究空白。冯善良先生和杨亚娟女士为嫩江水冲玛瑙石的研究、收藏奠定了基础，做出了很大贡献。

《嫩江水冲玛瑙鉴赏图录》一书介绍了嫩江水冲玛瑙形成的历史地理环境以及嫩江水冲玛瑙的欣赏与收藏，还整理了赏石辞句、名言和典故，融汇地质、历史、美学、考古、文学、摄影等学科知识，凝聚了作者对嫩江水冲玛瑙石文化研究所付出的心血。

这本《嫩江水冲玛瑙鉴赏图录》作为一部专业性很强的工具书，不但能得到广大奇石收藏者、爱好者的喜爱，同时对开发嫩江旅游资源，打造齐齐哈尔历史文化名城也会起到促进作用。

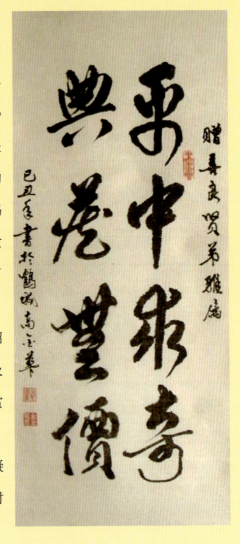

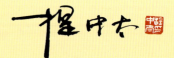

前　言

　　人类历史经历了漫长的石器时代，因此可以说石头与人类的关系源远流长。正如毛泽东词所说："人猿相揖别，只几个石头磨过，小儿时节。"尽管当时人类还不懂得什么是艺术及艺术欣赏，但事实上赏石文化已悄然诞生。在人类社会发展和进步的过程中，人们逐渐认识到，奇石是地球上最古老的具有艺术性的观赏品，是无字的诗，是无墨的画，是人类无法复制的天然艺术杰作。

　　奇石收藏是一种高雅的文化娱乐活动。社会的进步，经济的发展，物质文化生活水平的提高，使奇石收藏进入了寻常百姓家。

　　玛瑙石是人类最早发现的宝石之一，佛经中把玛瑙石作为"七宝"之一。当今估价亿元的"鸡雏出壳""岁月""中国版图"等天价奇石都是玛瑙石。价值几十万、数百万甚至上千万元的玛瑙石屡见不鲜。广大石友经多年的搜集、收藏、探索、研究，达成的共识是：从内蒙古莫力达瓦达斡尔族自治旗的尼尔基（前称布西）至黑龙江齐齐哈尔市富拉尔基区红岸嫩江段所产的水冲玛瑙，质地细腻温润，色彩丰富艳丽，造型奇特优美，是嫩江玛瑙中的籽料，是中国玛瑙石中的佳品。

　　为了弘扬嫩江水冲玛瑙石文化，黑龙江鹤城奇石收藏家冯善良先生和奇石爱好者杨亚娟女士，通过整理在《中国商报·收藏拍卖导报》《大众收藏报》《鹤城晚报》《石友》《中华奇石》《宝藏》杂志上发表过的文稿，及齐齐哈尔电视台《感悟奇石》专访记录和鹤城石友举办的"北国石界第一次盛会"的活动资料，撰写了《嫩江水冲玛瑙鉴赏图录》一书，其目的是抛砖引玉，与石友交流、探讨。

　　本书第一章概述嫩江水冲玛瑙文化的渊源及特征；第二章以"身边宝石、贵在发现"为主题，展现美艳绝伦的嫩江水冲玛瑙的观赏与收藏价值；第三章以"玛瑙遍天下，但逢有缘人"为主题，同时介绍了玛瑙石的搜集、清洗、养护、陈列、配座、命题、辨伪等收藏常识。

　　由于笔者的研究工作刚刚起步，加之藏品和知识有限，作为第一部赏鉴专著，疏漏失误在所难免，不当之处敬请方家斧正。

冯善良　杨亚娟

目录 | Contens

玛瑙搜集收藏常识

嫩江水冲玛瑙概说

嫩江自然地理

宝石界将具有纹带构造隐晶质块体的石英称为玛瑙，是隐晶－微晶质石英的集合体。化学成分以二氧化硅（SiO_2）为主，摩氏硬度为 6.5－7，折光率为 1.53－1.54，密度为 2.57－2.64 克／厘米^3。

所谓的"嫩江水冲玛瑙"，即出自于嫩江流域。

嫩江因水得名。它位于中国东北地区，全长 1370 千米。流域面积 282－748 平方千米。发源于大兴安岭伊勒呼里山中段南侧。正源称南瓮河，河源海拔 1030 米，流至十二站林场南与二根河汇合后始称"嫩江"，海拔 920 米。后流经黑龙江、内蒙古、吉林三省（区）的黑河、嫩江、莫力达瓦、齐齐哈尔、大庆、大安、肇源等 16 个市、县（旗），于吉林省前郭旗三岔河处与第二松花江汇合后流入松花江干流。三岔河河口海拔约 130 米。

据史料记载，嫩江在南北朝时称为"难水"，亦称"难河"，元代称为"孛苦江"，明代称"脑温江"，清初名"诺尼江"。"诺尼"、"嫩"皆为满语"碧绿"的意思。后因音成字，称"嫩江"。

嫩江两岸支流众多，支流总长 4979 千米，长度在 100 千米以上的支流有 15 条，构成典型的树枝状水系。主要支流众多，右岸有甘河、诺敏河、阿伦河、雅鲁河、绰尔河及乌裕尔河等，左岸有门鲁河、科洛河、讷谟尔河等。

嫩江自河源到嫩江县的嫩江镇为上游段，江道长 661 千米。河源区为大兴安岭山地林区，河谷狭窄，河流坡降大，具有山地河流性质，一般为单一河道，河宽 100－200 米，河床大多为板石、卵石，较稳定，水流流速较大；由嫩江镇到莫力达瓦达斡尔族自治旗的尼尔基（前称布西），江道长 122 千米，为中游段，是山地到平原的过渡地带，两岸多低山丘陵，河谷很宽，除博库浅、多金、登特科等局部河段为分汊河道外，其余大部分为单一河道，河宽在 150－300 米之间，河床底质主要由卵石、粗沙、板沙组成，较稳定；从尼尔基到汇入松花江的三岔河口，长 587 千米，为下游段，河流进入广阔的松嫩平原。其中，尼尔基至齐齐哈尔，河谷宽阔，主河床宽 150－300 米。河道分汊较长，有的长达 10 余千米。两岸沼泽地较多，岸壁高程较低，水大时漫岸，形成一片汪洋，河床底质为粗沙、砾石，河岸抗冲性较好，河床多年变化不大。

齐齐哈尔至三岔河，属于平原河道，河宽一般在 300－600 米，中度洪水均漫滩，河床底质为中、粗沙，除托力河大汉道、白沙滩汉道外，多直流。

由此可见，嫩江水冲玛瑙多蕴藏于尼尔基至齐齐哈尔江段的砂砾岩中。

嫩江地质历史

从地质历史上看，大兴安岭在前震旦亚代构造阶段（16 亿－6 亿年前），是内蒙古北部、东北北部比较活跃的海槽。

在早古生代构造阶段（6 亿－4 亿年前），由于"加里东"地壳激烈运动，出现海陆交汇的地层结构。当时海洋面积占绝对优势，陆地不多。

在晚古生代构造阶段（4 亿—2.25 亿年前），石炭纪和二叠纪，经过"海西运动"，形成大兴安岭褶皱带与伊勒呼里山系雏形。此阶段海侵发生。

在中生代构造阶段（2.25 亿—7000 万年前），侏罗纪后期至白垩纪初期的"燕山运动"，使大兴安岭地区出现强烈地褶皱、断裂，并发生了中酸性火山喷发。大兴安岭在"燕山运动"时有大量花岗岩侵入，同时又有大量斑岩、安山岩、粗面岩与玄武岩喷出。从全球范围上看，海侵仍在继续，海陆反复变迁，有巨大断裂产生和大规模的火山喷发。大兴安岭以花岗岩、石英粗面岩和安山岩为主，其中花岗岩分布面积最大。在山地轴部边缘及河谷中还有玄武岩分布。

在新生代构造阶段（7000 万－200 万年前），东北、内蒙、河北等地沿着断裂带都有大规模玄武岩喷发。在前述各构造阶段直至新生代的第三纪、第四纪，嫩江下游仍遭受海侵，火山喷发频繁。嫩江流域的嫩江县在元古代晚期、古生代和中生代的漫长地质时期中，多次发生猛烈的火山喷发。嫩江县有玄武熔岩台地350平方公里，皆呈盾状或波状。火山锥体附近有火山灰、火山浮石夹火山弹和火山集块熔岩。嫩江下游的齐齐哈尔市矿产储量较大的有石英砂、石灰石、大理石、火山石、沸石、麦饭石、玄武岩、花岗岩、硅藻土、膨润土等。从嫩江源头到下游各流域都有玄武岩和高岭土的分布。

简单地说，一是嫩江上中游地处火山爆发的地理环境，二是嫩江源头与下游海拔高差悬殊，使其具备了水冲玛瑙形成的地质历史环境。

嫩江玛瑙石文化渊源

嫩江下游地区蕴含着丰厚的历史文化、民族文化和石文化资源。

位于黑龙江省齐齐哈尔讷河市学田乡神泉屯东北处嫩江漫滩上的神泉石器遗址，先后出土了石制品3000多件，其中一枚玛瑙石锥小巧精致，工艺高超，在旧石器时代出土文物中堪称极品。据考古专家介绍，这是一处中国国内少见的人类旧石器时代埋藏的"富矿"，时间在1.21万－2万年前。神泉石器遗址的发现，为国内外学者研究"旧石器时代如何向新石器时代过渡"这个热门课题提供了宝贵的资料。

距今7500年左右的齐齐哈尔昂昂溪遗址，位于嫩江左岸，遗址群由22处遗址与17处遗物点组成，计39处，发掘出土的石器中，有玉髓和玛瑙等大量珍贵文物遗址。被中外考古学界正式定名为新石器时代"昂昂溪文化"遗址，1988年被确立为"全国重点文物保护单位"。

嫩江下游的新石器，不同于旧石器时代那些较笨重的打制石器，更不同于新石器时代常见的磨光石器，也不同于南方出土的那些粗糙得多的"细小石器"。嫩江细石器以嫩江河谷丰富的河卵石为原料，挑选出其中色彩斑斓、质地坚韧的燧石、玛瑙、碧玉、蛋白石等，用间接打击法或压琢法制成。它们小巧玲珑，既精美又结实，缺乏文物知识的人也能认出它们是古人类加工的石器，也愿将其当作精美的工艺品来收藏。多少年来，每当狂风或洪水过后，嫩江下游的沙岗地和沙丘上经常会有细石器暴露。

清代刘凤浩诗云："采采嫩江绿,光晶石子铺,人今投靺鞨,地古擅珣玗。"方观承的《卜魁竹枝词》："壒壁光明有细沙,石成五色亦堪嘉。石妍似玉能成器,莫道边城少物华。"这些诗咏的都是嫩江的玛瑙石。嫩江出产的水胆玛瑙古称"空青石",清代方式济《龙沙纪略·物产》载 ："空青,渔人间得之,不敢私匿。将军酬以值,遗官奏进。或弃卒自得之,即遗送京师,奏其名例,得赐帛。"可见,早在清代,嫩江水胆玛瑙就已是贡品。

嫩江水冲玛瑙特征

嫩江水冲玛瑙是玛瑙的一种,俗称"江石"、"火石",具有脂肪或蜡状光泽,透明到不透明。

嫩江水冲玛瑙是火山喷发的产物,因地壳升降、海侵海退、风沙凌砺,经水之冲刷、淘洗、搬运、碰磨,石面光润,外形优美,婀娜多姿,有鲜明的通透感。其色彩绚丽温润,俏色丰富,质地坚硬,致密细腻,当地人称之为"嫩江玛瑙中的籽料",是中国玛瑙石中的佳品。因含有微量金属或着色矿物,其色彩极为丰富,流光溢彩、斑斓缤纷,呈黄、白、红、赭、紫、灰、蓝、黑、绿等色,各显其美。

在质感上分,嫩江水冲玛瑙可划分为透明、半透明、不透明、苔藓、云、水胆、葡萄玛瑙等品种。

透明玛瑙,指透明如水的玛瑙。在所有品种的玛瑙中,透明度越高质量越佳,完全透明如水的玛瑙比较罕见。

半透明玛瑙,指介于透明和不透明之间的玛瑙。这一品种在玛瑙中最为常见,但不应将半透明者称为透明者。

不透明玛瑙,指透不过光线的玛瑙。

苔藓玛瑙,当玛瑙中混入绿泥石矿物时,有时会形成苔藓状或树枝状花纹,称苔藓玛瑙。

云玛瑙,质地有云雾感的玛瑙。

水胆玛瑙,玛瑙中包含有天然液体的品种。古称"空青石",又名"营浆石"。由于生成条件特殊,这种玛瑙极不容易见到,是一种世上罕见的奇特品种。

葡萄玛瑙，是海底火山喷发产生的气泡经二氧化硅填充而成的呈葡萄粒状结构的玛瑙。嫩江水冲葡萄玛瑙，是 20 世纪 80 年代发现的新石种，晶莹剔透，色彩绚丽，造型奇特，一面世就备受国内外众多石友的青睐。

石界普遍认为，葡萄玛瑙只产于内蒙古阿拉善左旗苏宏图一带，举世无双。而嫩江具备海底火山爆发、玄武岩、高岭土等葡萄玛瑙形成的地质条件。水冲葡萄玛瑙石光滑圆润，形态各异，色彩丰富。有的石体上葡萄颗粒大小不一，有的葡萄颗粒小而均匀，有的葡萄颗粒形成了一串，有的葡萄颗粒在杯形玛瑙的内外壁上都有分布，有的葡萄颗粒生在裸露的晶体上，有的颗粒葡萄与柱状葡萄共生。这些千姿百态的葡萄颗粒，对研究火山喷发产生的气泡形态、变化条件及规律很有价值。

在纹理上分，嫩江水冲玛瑙可划分为缠丝玛瑙和带状玛瑙。

缠丝玛瑙，是指具有细纹带构造的玛瑙，亦称"缟玛瑙"。其纹带可细得像蚕丝一样，而且颜色有许多种变化，可进一步划分为红缟玛瑙、红白缟玛瑙、黑白缟玛瑙、褐白缟玛瑙、棕黑缟玛瑙等。

带状玛瑙，指具有较宽平行纹带的玛瑙。通常条带为单色的不同色调，或由两种相间排列的颜色组成，少有两种以上颜色。此类玛瑙的主要特点是纹带较宽且平行，在弯折处也呈平行状。有的带状玛瑙的纹带形成文字、山水和动植物图案，有的在局部生成纹带，有的形成夹层纹带，有的形成通体纹带……千姿百态，令人叹为观止。大自然鬼斧神工般造就的嫩江带状玛瑙色彩斑斓，纹理奇特，美得极其自然，极具创造性，是任何宝石纹带都不可比拟的。

嫩江水冲玛瑙的造型或图案，意境有的深远，给人以遐想；有的明晰，给人以直率；有的博大，给人以开阔；有的含蓄，给人以沉思；有的奇谲，给人以启迪。不同的意境，会给人带来不同的感悟。真可谓奇中有巧，巧中有妙，妙中有雅，达到了一种天成与人趣碰撞、情境与心境融会的美妙境界。在奇石爱好者的眼里，那些小巧玲珑、造型生动、气韵优雅的嫩江水冲玛瑙，不愧是最为理想的雅石。

嫩江水冲玛瑙赏析

日月星辰

日出

左：宽4.2厘米，高5.4厘米，厚1.8厘米

右：宽6.3厘米，高4.4厘米，厚2.1厘米

仿若来自远古未知的洪荒，在你奇丽的外表上，记录了茫茫宇宙多少神秘的信息？

茫茫宇宙

上：宽5.3厘米，高3.3厘米，厚2.5厘米

下：宽4.8厘米，高2.8厘米，厚2.1厘米

天日

宽7.5厘米

高3.8厘米

厚4.3厘米

别有洞天

左：外径5.6厘米，内径3.4厘米，厚3.2厘米

右：外径5.6厘米，内径2.1厘米，厚4.4厘米

日月合璧海上升

宽7.0厘米，高7.0厘米，厚3.0厘米

日月合璧，指日月同时上升，出现于阴历的朔日。古人认为是国家的瑞兆。

奇石下方的海浪托起太阳，太阳的光效应恰似月亮，构成了日月合璧景观。观海上日出，赏海上明月，是人生一大幸事。

日月同心

宽7.0厘米，高5.0厘米，厚4.0厘米

日光月华

左：直径3.6厘米，厚2.8厘米

右：宽4.1厘米，高4.6厘米，厚3.8厘米

三潭印月

直径3.2厘米

星空
宽4.5厘米
高4.6厘米
厚3.7厘米

日食月食
左：宽3.8厘米，高3.0厘米，厚2.9厘米
右：宽3.5厘米，高3.0厘米，厚2.8厘米

天圆地方

左：直径2.9厘米

中：宽4.6厘米，高4.1厘米，厚1.7厘米

右：直径2.7厘米

海上明月

宽8.5厘米，高7厘米，厚3.3厘米

海上生明月，天涯共此时。

月全食

宽3.0厘米，高4.0厘米，厚3.0厘米

肉形石

猪腰条鲜肉

宽6.8厘米，高2.5厘米，厚2厘米

　　宝雅何须大，花香不在多。君不见台北故宫博物院的"东坡肉"肉形石，高5.73厘米，高6.6厘米，厚5.3厘米，是镇馆之宝，人气最旺。

　　猪腰条鲜肉栩栩如生。观其造型，从脊背到腹部的弯曲度及肥瘦肉的厚度，几乎与真猪腰条鲜肉一样。肉皮、肥肉、瘦肉及板油揭后的白亮油膜齐全，比例协调，层次清晰，色调鲜明，细腻晶莹。小巧玲珑而且精湛，其独特性、完整性、美观性和神韵性，令人叹为观止。

水晶猪蹄

宽7.9厘米，高2.0厘米，厚3.8厘米

猪后鞧

宽5.9厘米，高4.5厘米，厚2.7厘米

里脊肉

共8块，尺寸不详

红焖肘子

宽10.0厘米，高9.0厘米，厚6.0厘米

百石宴

共28道菜，尺寸不详

酥白肉

共8块，尺寸不详

慧眼天生

慧眼独具

宽3.8厘米，高6.8厘米，厚1.9厘米

一目了然

宽5.6厘米，高7.0厘米，厚3.5厘米

慈眉善目
宽6.3厘米
高5.1厘米
厚4.0厘米

望天犼
宽5.5厘米
高7.0厘米
厚4.0厘米

月下争妍

左：宽5.2厘米，高5.1厘米，厚3.3厘米

右：宽5.7厘米，高5.2厘米，厚4.0厘米

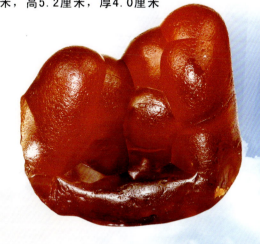

凝视

宽4.0厘米

高6.0厘米

厚5.0厘米

祥瑞预兆

鸿运走来

宽5.6厘米

高6.8厘米

厚4.8厘米

造型似两只红色企鹅并肩向你走来，寓意吉祥。

屡屡鸿运

宽5.0厘米

高6.0厘米

厚4.0厘米

指（芝）日高升

宽4.5厘米

高4.9厘米

厚2.1厘米

年年有余

宽6.5厘米，高9.0厘米，厚4.0厘米

此奇石鱼肚凸起，首尾相连，构成了"年年有余"吉祥图案。

数（鼠）钱

宽9.0厘米
高6.0厘米
厚5.0厘米

连年有余

宽7.0厘米，高3.3厘米，厚2.3厘米

蝙蝠

宽6.6厘米，高5.2厘米，厚5.0厘米。

人们常以蝙蝠之"蝠"喻示幸福之"福"。

鲤鱼跳龙门

宽3.4厘米

高4.3厘米

厚2.1厘米

神龟赤兔

左：宽6.0厘米，高4.3厘米，厚4.8厘米

右：宽11.0厘米，高7.1厘米，厚4.3厘米

古人视龟为灵物，象征长寿。《瑞应图》云："赤兔者瑞兽，王者盛德则至。"此组奇石中的龟兔造型有虚有实，线条有疏有密，躯体各部位起、承、转、合都有交代，都有着落。观之，龟兔均躬背、举足、伸头，动态显著，一幅龟兔赛跑画面栩栩如生。同时又可组成龟兔对话画面，寓意为："昔日竞争对手，今天和谐相处，共求发展"。

天赐奥运

北京奥运主题口号

左：宽5.4厘米，高7.1厘米，厚4.8厘米
中：宽6.4厘米，高6.8厘米，厚3.8厘米
右：宽4.6厘米，高5.2厘米，厚3.2厘米

　　大熊猫造型与画家吴作人所创作的大熊猫邮票上的熊猫图案相似。此石造型为初生熊猫，通体微白，头、身、肢、尾齐全，各部尺寸比例协调，结合自然，好似精湛的雕塑品。它伏卧在好似地球的球状体上，象征着福娃与世界各国人民共同实现追求奥林匹克运动的美好梦想。体现了"同一个世界，同一个梦想"的北京奥运主题口号所表达的精神。

赛车

宽3.9厘米

高5.6厘米

厚3.0厘米

棒球手

宽4.9厘米

高5.9厘米

厚3.9厘米

足球

直径4.2厘米

两个拳击手

左：宽6.0厘米，高6.0厘米，厚4.0厘米

右：宽7.0厘米，高7.0厘米，厚5.0厘米

拳击手与裁判员

自左到右：宽4.4厘米，

高6.4厘米，厚4.1厘米；

宽4.3厘米，高5.4厘米，

厚3.3厘米；宽4.8厘米，

高6.9厘米，厚3.4厘米；

宽4.4厘米，高5.6厘米，

厚3.5厘米

福娃晶晶A

直径4.9厘米

福娃晶晶B

宽3.7厘米，高3.4厘米，厚2.7厘米

福娃晶晶C

宽5.9厘米

高4.2厘米

厚2.3厘米

福娃晶晶D

宽6.3厘米

高6.7厘米

厚3.3厘米

食品果蔬

"瞎扯蛋"
尺寸不详

陈年佳酿
左：宽6.2厘米，高4.8厘米，厚5.8厘米
右：宽7.6厘米，高5.8厘米，厚6.2厘米
尘封亿万年，开坛十里香。

西红柿
尺寸不详

蚕蛹
尺寸不详

茄子

上：宽9.2厘米，高3.8厘米，厚2.9厘米

中：宽12.9厘米，高3.8厘米，厚2.6厘米

下：宽8.8厘米，高4.6厘米，厚3.5厘米

美味香酥鱼

尺寸不详

仙桃
尺寸不详

玉 米

宽2.9厘米

高6.4厘米

厚3.2厘米

红 螺

宽6.8厘米

高4.2厘米

厚4.0厘米

葡 萄

尺寸不详

果实累累

宽3.1厘米

高5.4厘米

厚2.3厘米

葡萄玛瑙

葡萄玛瑙是20世纪80年代发现的新石种，晶莹剔透，色彩绚丽，造型奇特，备受青睐，现已登上了奇石大雅之堂。

月色阑珊

宽6.0厘米

高6.5厘米

厚4.0厘米

《葡萄歌》诗意

左：宽5.6厘米，高8.4厘米，厚3.8厘米

右：宽5.3厘米，高5.0厘米，厚4.0厘米

繁葩组绥结，悬实珠玑蹙。

马乳带轻霜，龙鳞曜初旭。

葡萄玛瑙夜光杯

宽10.2厘米

高8.0厘米

厚6.5厘米

　　古代称用美玉制成的酒杯为夜光杯。此奇石呈杯形，杯外及内壁布满了葡萄颗粒。借用"葡萄美酒夜光杯"诗句，称其为葡萄玛瑙夜光杯。

颗粒与柱状共生

左：宽11.0厘米，高5.0厘米，厚5.0厘米

右：宽11.0厘米，高5.0厘米，厚5.0厘米

惟妙惟肖

宽7.0厘米，高8.0厘米，厚4.0厘米

此奇石上方葡萄粒较大，往下逐渐变小。整串葡萄为三角形，上大下小，粒粒葡萄紧密相靠，有高有低，与天然成串的葡萄形态一样。此奇石与《中国版图葡萄玛瑙》等精品奇石上的单个颗粒状葡萄相比，更能展示天地造化之风采。

均匀小颗粒

宽10.2厘米，高8.0厘米，厚6.5厘米

葡萄玛瑙有的浑身挂珠，有的部分挂珠。有的珠子大，似葡萄；有的珠子小，像珍珠；有的珠子很小，如小米；有的珠子小得肉眼都看不清楚。此石上形成了颗粒较小且均匀的葡萄玛瑙。

鱼眼葡萄

宽4.8厘米，高5.2厘米，厚3.5厘米

　　鱼眼葡萄玛瑙在葡萄玛瑙中是较罕见的，其酷似鱼眼又似葡萄的造型和纹理极具灵动气息。

纹带玛瑙

　　大自然鬼斧神工造就的嫩江纹带玛瑙，色彩斑斓，纹理奇特，美得极其自然，极具创造性，是任何宝石纹带都不可比拟的。笔者收藏的嫩江纹带玛瑙大体上可分为三类：缠丝玛瑙、带状玛瑙、纹带玛瑙。

缠丝玛瑙
上：宽7.1厘米，高4.0厘米，厚4.0厘米
下：宽5.0厘米，高5.0厘米，厚4.0厘米

　　缠丝玛瑙，亦称"缟玛瑙"，古称"截子玛瑙"，是具有细纹带构造的玛瑙，纹带细得像蚕丝一样。它是各种颜色以丝带形式相间缠绕的一种玛瑙，因相间色带细如蚕丝，所以称为"缠丝玛瑙"。

纹带玛瑙

A：宽3.9厘米，高4.8厘米，厚4.1厘米

B：宽7.1厘米，高4.2厘米，厚5.3厘米

C：宽4.7厘米，高7.8厘米，厚2.8厘米

D：宽7.9厘米，高4.5厘米，厚5.0厘米

E：宽4.5厘米，高7.5厘米，厚3.7厘米

F：宽7.1厘米，高6.2厘米，厚5.5厘米

G：宽6.8厘米，高4.5厘米，厚3.0厘米

H：宽4.3厘米，高4.8厘米，厚3.6厘米

　　纹带玛瑙是缠丝和带状玛瑙中纹带形成文字、山水和动植物图案的一种玛瑙。有的在局部生成图案纹带，有的形成夹层纹带，有的形成通体纹带，千姿百态，令人叹为观止。

带状玛瑙

A：宽5.0厘米，高6.0厘米，厚4.0厘米
B：宽6.0厘米，高5.0厘米，厚4.0厘米
C：宽5.0厘米，高8.0厘米，厚4.0厘米

　　带状玛瑙指具有较宽平行纹带的玛瑙。条带通常为单色的不同色调，或为两种相间排列的颜色，少有两种以上颜色。此类玛瑙的主要特点是纹带较宽且平行，在弯折处也呈平行状态。

鸭 子

　　远远望去，小鸭子就像一个黄色的绒球在滚动。它有时也会昂着淡黄色的小脑袋，瞪着一双炯炯有神的大眼睛，张着嘴巴，挺着胸膛，翘着小尾巴，抬起淡黄的小脚丫，趾高气扬地迈开正步在屋里转来转去。

母子情深

左：直径3.0厘米

右：宽3.0厘米，高3.0厘米，厚2.0厘米

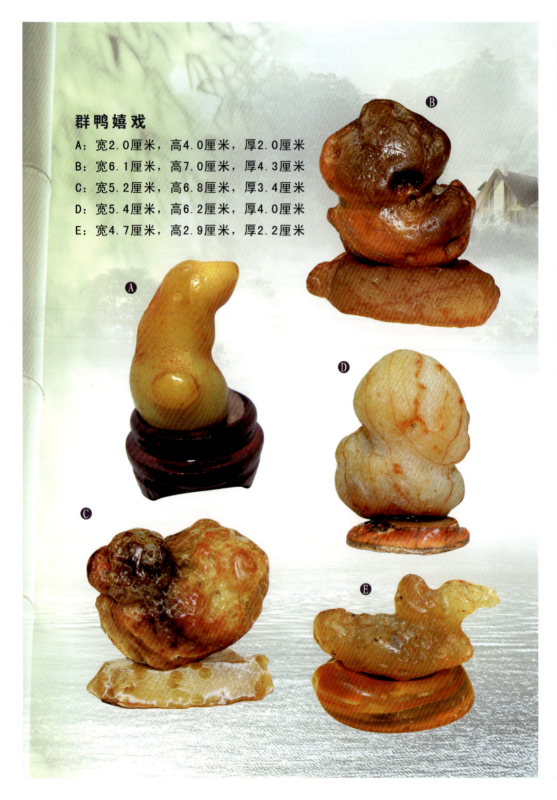

群鸭嬉戏

A：宽2.0厘米，高4.0厘米，厚2.0厘米

B：宽6.1厘米，高7.0厘米，厚4.3厘米

C：宽5.2厘米，高6.8厘米，厚3.4厘米

D：宽5.4厘米，高6.2厘米，厚4.0厘米

E：宽4.7厘米，高2.9厘米，厚2.2厘米

伴侣

左：宽4.5厘米，高4.6厘米，厚2.5厘米

右：宽4.3厘米，高3.7厘米，厚2.8厘米

曲江冰欲尽，风日已恬和。柳色看犹浅，泉声觉渐多。

飞 鸟

哺育

左：宽6.0厘米，高11.0厘米，厚4.0厘米

右：宽3.5厘米，高6.0厘米，厚4.0厘米

鹰击长空

宽11.6厘米

高6.9厘米

厚3.7厘米

群鸟争春

A：宽6.8厘米，高6.0厘米，厚4.4厘米

B：宽5.3厘米，高6.0厘米，厚4.6厘米

C：宽5.5厘米，高5.3厘米，厚3.4厘米

D：宽5.8厘米，高6.2厘米，厚3.9厘米

雏鸟

上：宽11.0厘米，高9.0厘米，厚8.0厘米

下：宽5.5厘米，高3.5厘米，厚3.5厘米

凤求凰
左：宽8.7厘米，高8.1厘米，厚6.1厘米
右：宽6.5厘米，高5.1厘米，厚2.6厘米

对语
左：宽4.2厘米，高3.4厘米，厚2.6厘米
右：宽4.2厘米，高5.8厘米，厚2.9厘米

精卫填海

宽7.2厘米，高5.8厘米，厚3.4厘米

精卫，古代神话中的小鸟。传说炎帝的女儿在东海淹死，灵魂化为彩首、白喙、赤足的精卫鸟，每天衔西山的木石来填东海。后用"精卫填海"来比喻不畏困难，意志坚决。此奇石造型为一彩首白喙的鸟头口衔巨石，再现了精卫填海的坚强意志。

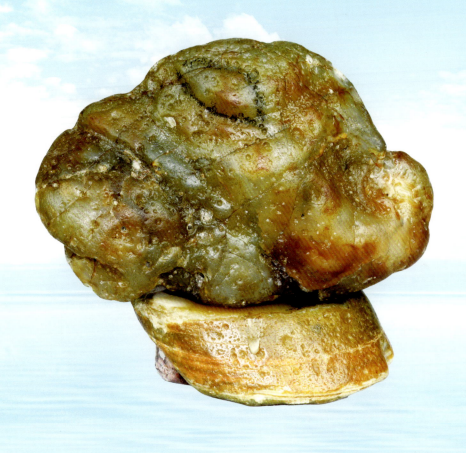

仰天长鸣
宽5.0厘米，高8.0厘米，厚3.0厘米

孔雀开屏
宽6.0厘米，高9.0厘米，厚4.0厘米

欲飞
宽11.5厘米，高7.2厘米，厚2.5厘米

栖鸟

宽6.9厘米，高3.0厘米，厚2.3厘米

鹦鹉

宽7.8厘米，高5.7厘米，厚5.1厘米

神鸟

宽3.6厘米，高3.4厘米，厚1.6厘米

十二生肖

在几千年的中国传统文化中，生肖不仅是一种形象生动的纪年方式，更和每个人的命运结合起来，被赋予了神秘的内涵。据考证，十二生肖最早起源于东汉时期。

子鼠

宽7.1厘米，高5.0厘米，厚4.5厘米

十二生肖之首。午夜十一时至凌晨一时为子时，正是夜深人静、老鼠活动频繁之时，称"子鼠"。

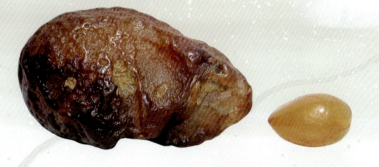

丑牛

宽7.8厘米，高5.6厘米，厚5.2厘米

十二生肖第二位。凌晨一点到三点为丑时。牛喜欢夜间吃草，有经验的农民常在深夜起来挑灯喂牛，称"丑牛"。

寅虎

宽5.3厘米，高4.5厘米，厚1.8厘米

十二生肖第三位。凌晨三点到五点为寅时。此时昼伏夜行的老虎最为凶猛，人们常在此时听到虎啸，称"寅虎"。

卯兔

宽5.8厘米，高4.5厘米，厚2.6厘米

十二生肖第四位。早上五点到七点为卯时。天刚亮，兔子出窝，它们喜欢吃带有晨露的青草，称"卯兔"。

辰龙

宽7.3厘米，高7.5厘米，厚4.3厘米

十二生肖第五位。上午七点到九点为辰时。此时容易起雾，传说中的龙出现时往往腾云驾雾，而且此时又正值旭日东升，蒸蒸日上，称"辰龙"。

此玛瑙奇石天然自成为一环形龙，与含山文化片状环形阴刻玉龙的造型吻合。此石质地温润，光洁晶莹，龙的头、嘴、眼、耳、身、尾齐全，各部位比例协调，位置适当。龙通体肥硕，蜷曲呈圆形，所展示的周而复始、生生不息的运动之美、简约之美，令人拍案叫绝。

巳蛇

宽4.1厘米，高4.4厘米，厚2.2厘米

　　十二生肖第六位。上午九点到十一点为巳时，晨雾散尽，艳阳高照，蛇类觅食，称"巳蛇"。

午马

宽3.6厘米，高5.0厘米，厚2.7厘米

　　十二生肖第七位。上午十一点到下午一点为午时。野马尚未被人驯化时，每到中午奔跑嘶鸣，称"午马"。

未羊

上：宽4.1厘米，高3.0厘米，厚2.2厘米

下：宽5.6厘米，高4.0厘米，厚3.7厘米

　　十二生肖第八位。下午一点到三点为未时。有的地方管这个时间叫"羊出坡"，是放羊的好时间，称"未羊"。

申猴

宽3.8厘米，高5.2厘米，厚3.5厘米

十二生肖第九位。下午三点到五点为申时。太阳偏西，猴子喜欢在此时啼叫，称"申猴"。

酉鸡

宽4.3厘米，高4.4厘米，厚2.7厘米

十二生肖第十位。下午五点到傍晚七点为酉时。太阳落山，鸡归窝，称"酉鸡"。

戌狗

宽4.1厘米，高5.3厘米，厚3.7厘米

十二生肖第十一位。晚上七点到九点为戌时。人们忙碌一天，要上床睡觉了。狗在门外守候，一有动静就汪汪大叫，称"戌狗"。

亥猪

宽5.2厘米，高3.1厘米，厚3.8厘米

　　十二生肖第十二位。晚上九点到十一点为亥时。夜深人静，能听到猪拱槽的声音，称"亥猪"。

十二生肖大荟萃

尺寸不详

千姿百态的人物

人猿揖别

宽12厘米，高11厘米，厚8.5厘米

　　此长臂灵猿头部五官、身、肢、尾齐全，各部位置适当，比例协调，它通体颜色一致，毛纹精美，面部俏色突出。奇石右侧略显出的小小山坡，使灵猿登高回眸之态更加活灵活现，令人拍案叫绝。

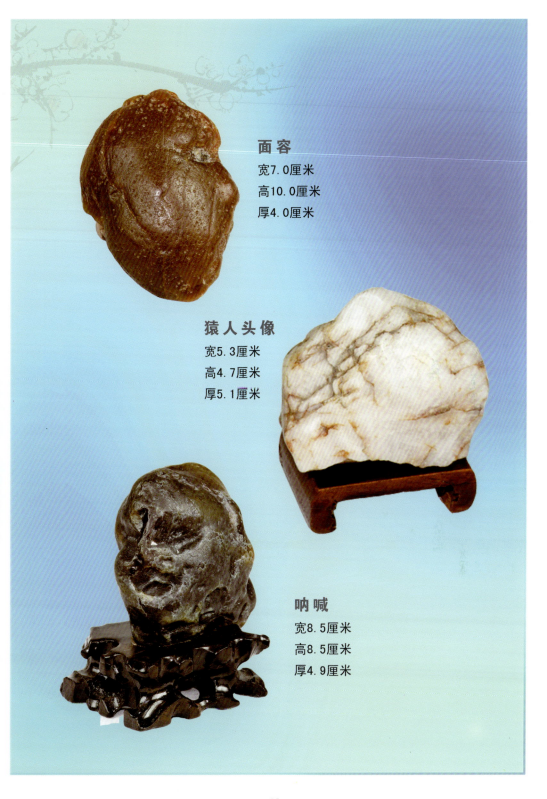

面容
宽7.0厘米
高10.0厘米
厚4.0厘米

猿人头像
宽5.3厘米
高4.7厘米
厚5.1厘米

呐喊
宽8.5厘米
高8.5厘米
厚4.9厘米

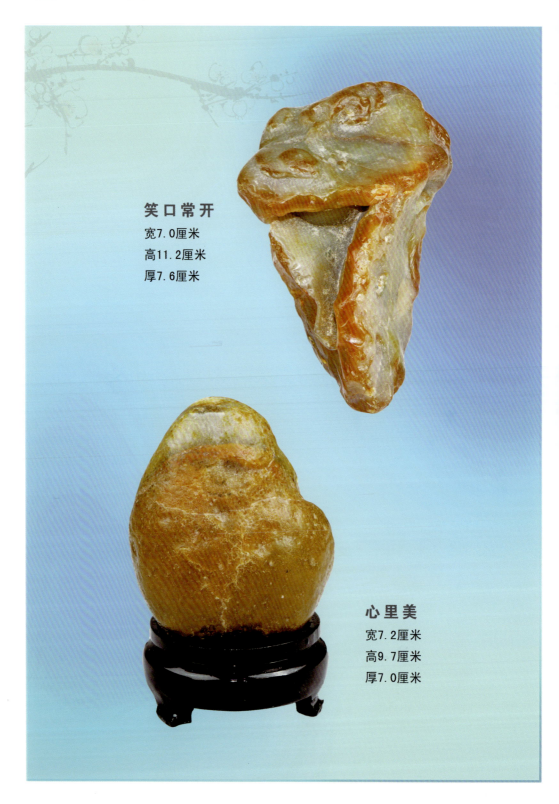

笑口常开

宽7.0厘米

高11.2厘米

厚7.6厘米

心里美

宽7.2厘米

高9.7厘米

厚7.0厘米

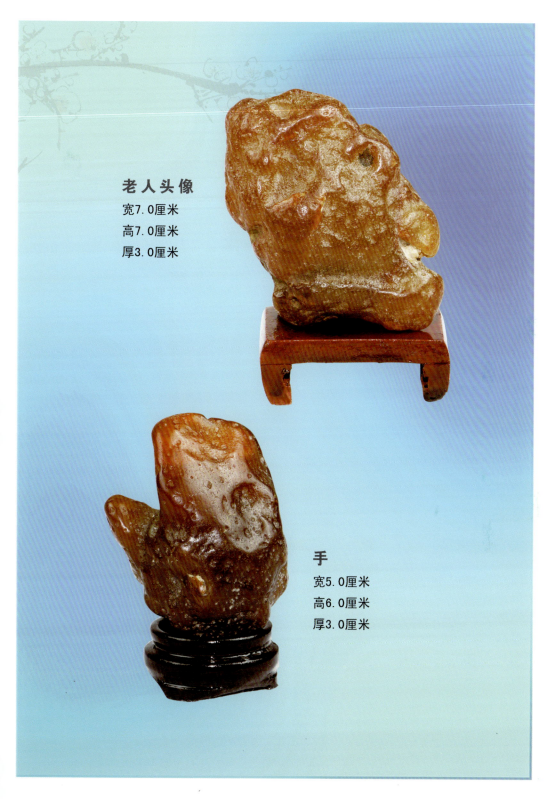

老人头像

宽7.0厘米

高7.0厘米

厚3.0厘米

手

宽5.0厘米

高6.0厘米

厚3.0厘米

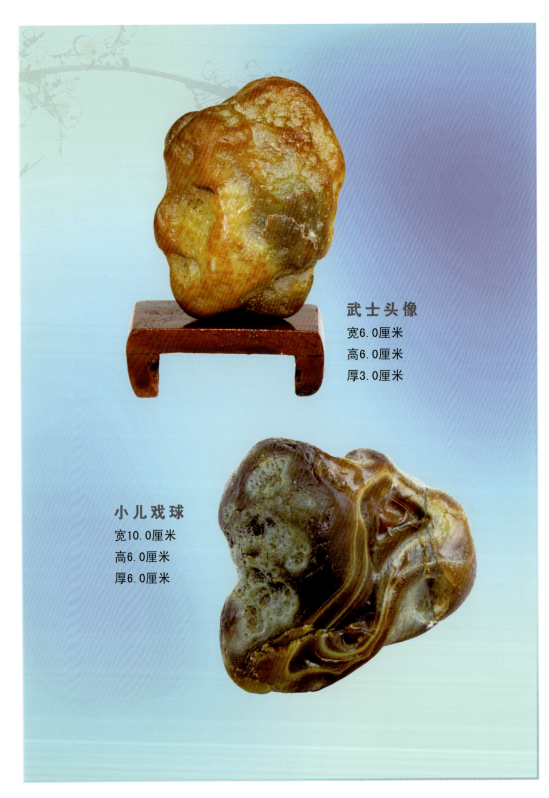

武士头像
宽6.0厘米
高6.0厘米
厚3.0厘米

小儿戏球
宽10.0厘米
高6.0厘米
厚6.0厘米

武士头像

宽6.0厘米

高6.0厘米

厚3.0厘米

老妪

宽6.7厘米

高8.2厘米

厚4.6厘米

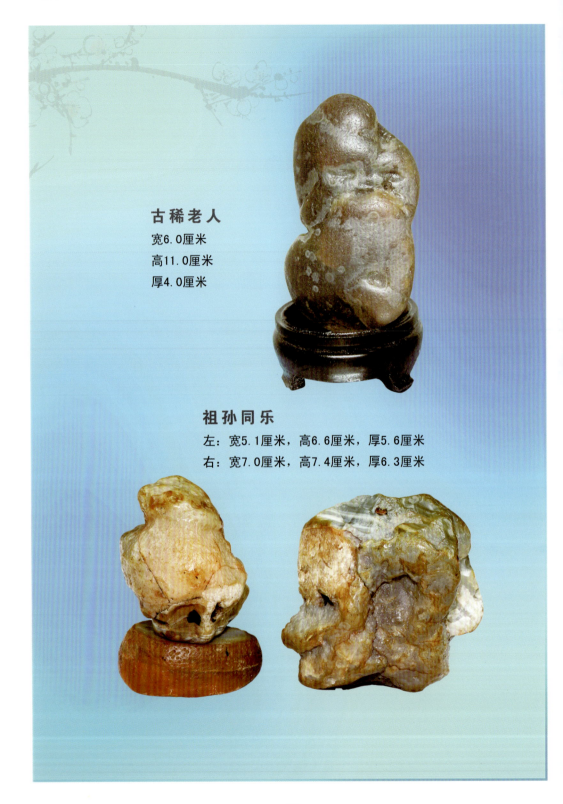

古稀老人

宽6.0厘米

高11.0厘米

厚4.0厘米

祖孙同乐

左：宽5.1厘米，高6.6厘米，厚5.6厘米

右：宽7.0厘米，高7.4厘米，厚6.3厘米

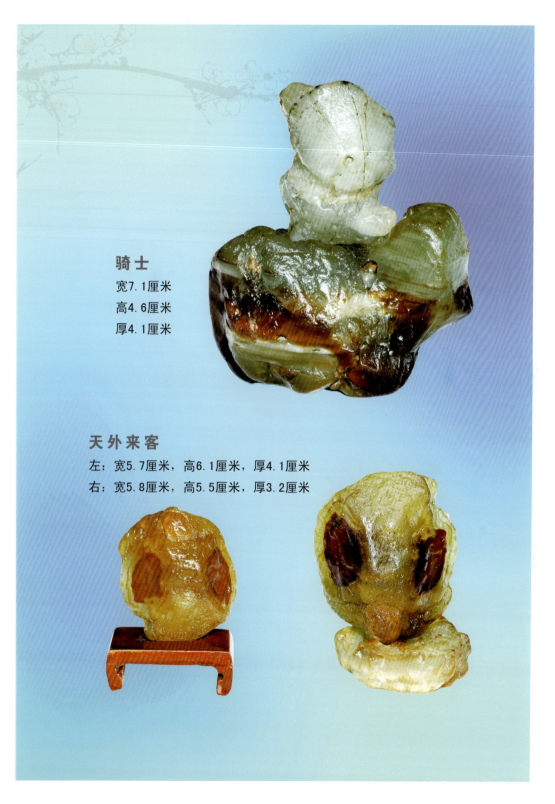

骑士

宽7.1厘米

高4.6厘米

厚4.1厘米

天外来客

左：宽5.7厘米，高6.1厘米，厚4.1厘米

右：宽5.8厘米，高5.5厘米，厚3.2厘米

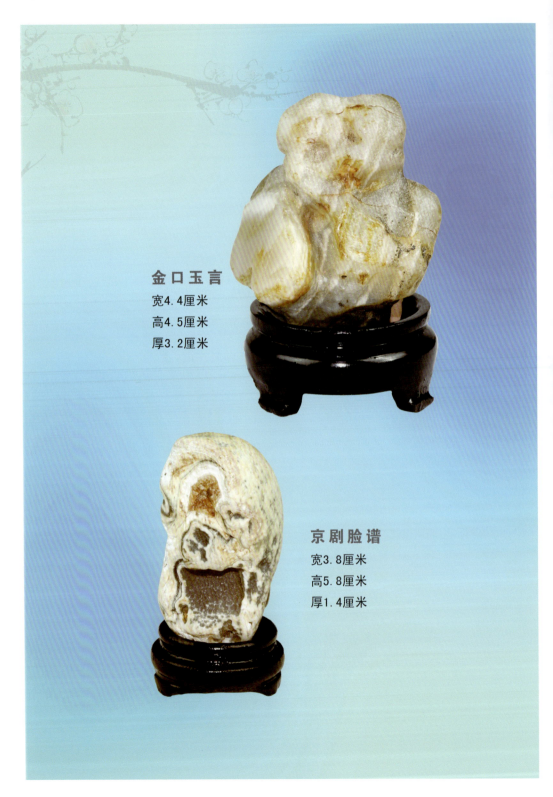

金口玉言
宽4.4厘米
高4.5厘米
厚3.2厘米

京剧脸谱
宽3.8厘米
高5.8厘米
厚1.4厘米

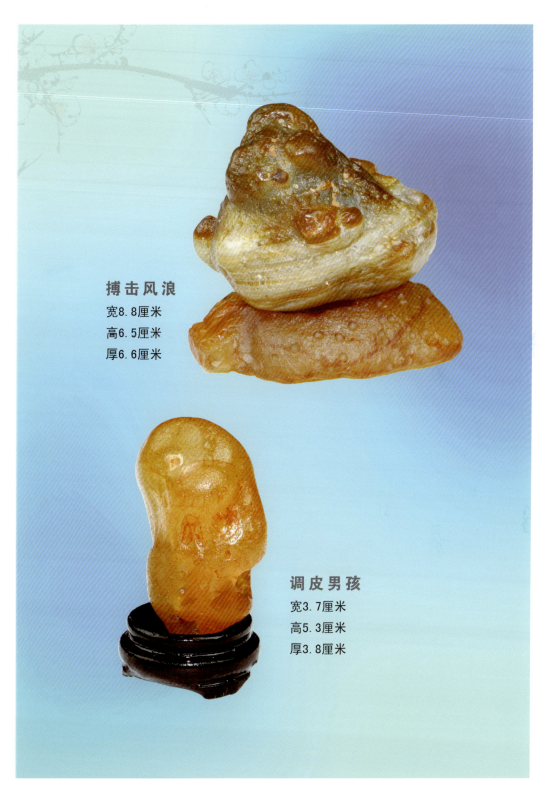

搏击风浪

宽8.8厘米

高6.5厘米

厚6.6厘米

调皮男孩

宽3.7厘米

高5.3厘米

厚3.8厘米

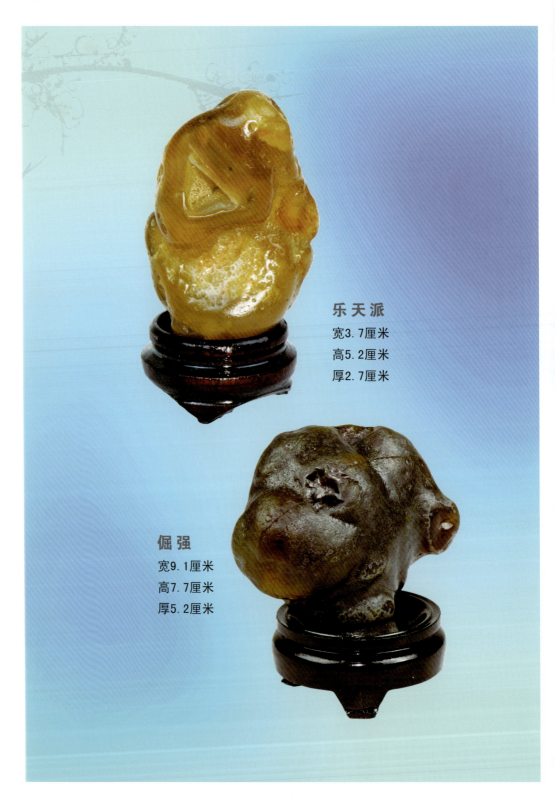

乐 天 派
宽3.7厘米
高5.2厘米
厚2.7厘米

倔 强
宽9.1厘米
高7.7厘米
厚5.2厘米

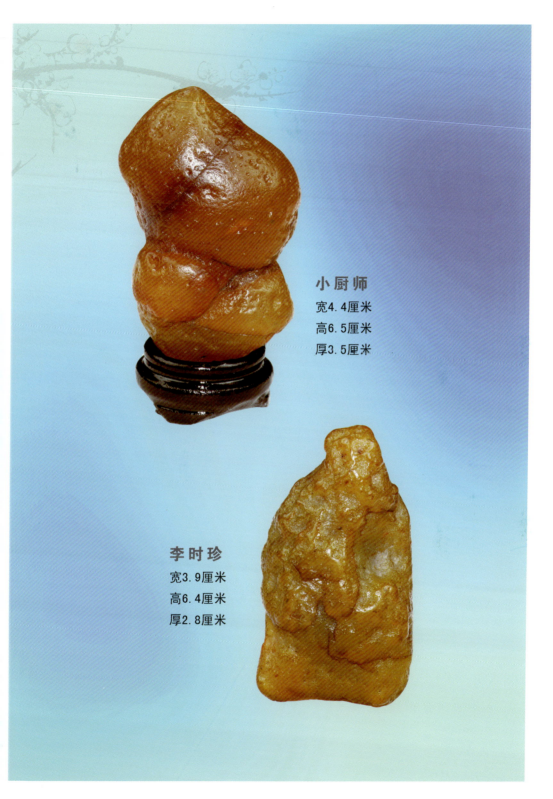

小厨师
宽4.4厘米
高6.5厘米
厚3.5厘米

李时珍
宽3.9厘米
高6.4厘米
厚2.8厘米

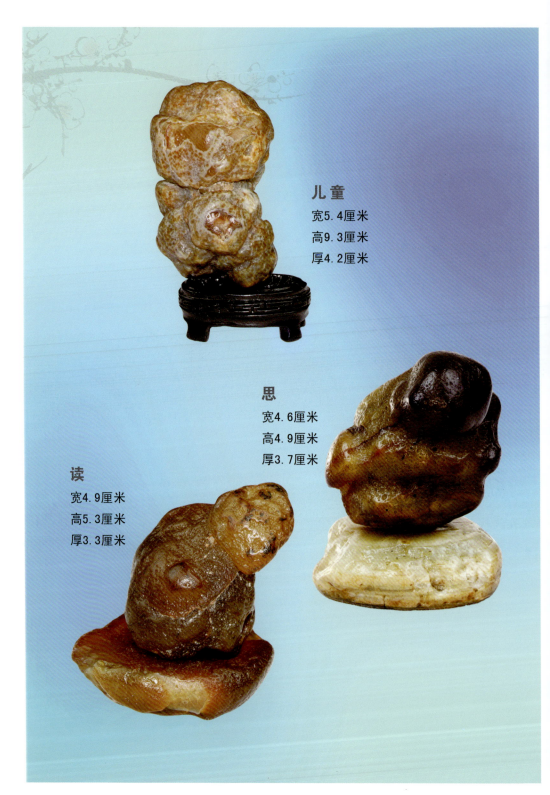

儿童
宽5.4厘米
高9.3厘米
厚4.2厘米

思
宽4.6厘米
高4.9厘米
厚3.7厘米

读
宽4.9厘米
高5.3厘米
厚3.3厘米

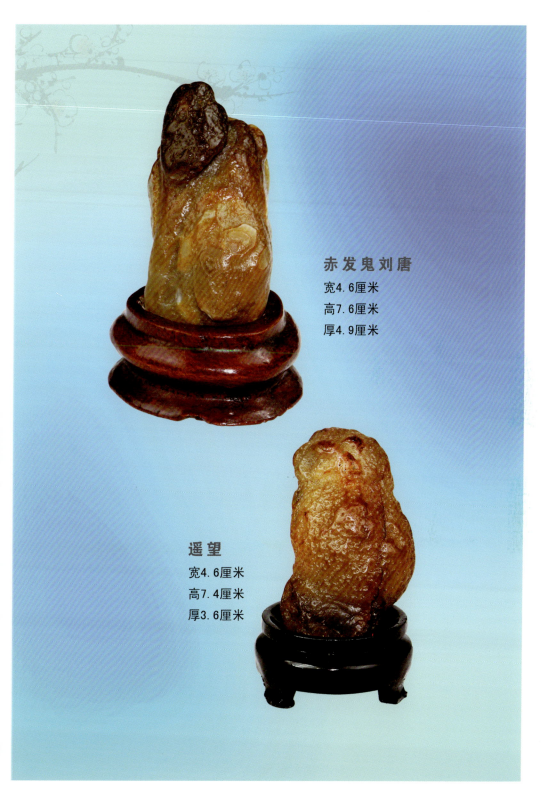

赤发鬼刘唐

宽4.6厘米

高7.6厘米

厚4.9厘米

遥 望

宽4.6厘米

高7.4厘米

厚3.6厘米

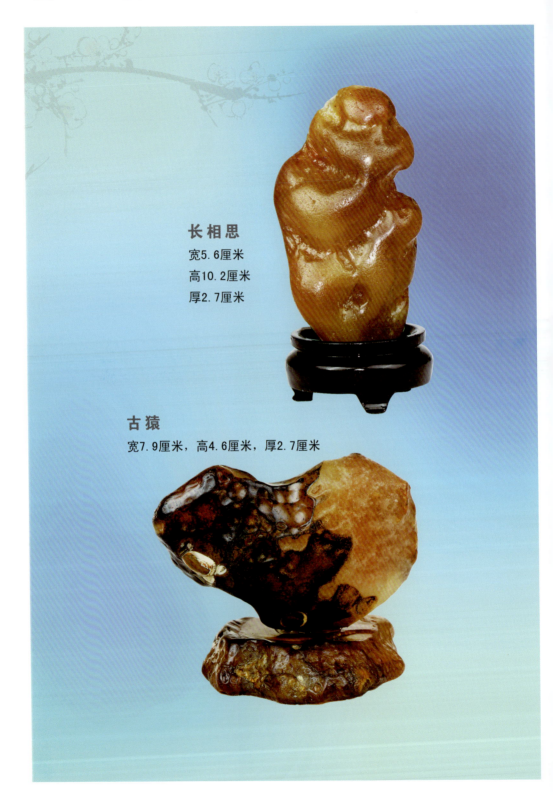

长相思

宽5.6厘米

高10.2厘米

厚2.7厘米

古猿

宽7.9厘米，高4.6厘米，厚2.7厘米

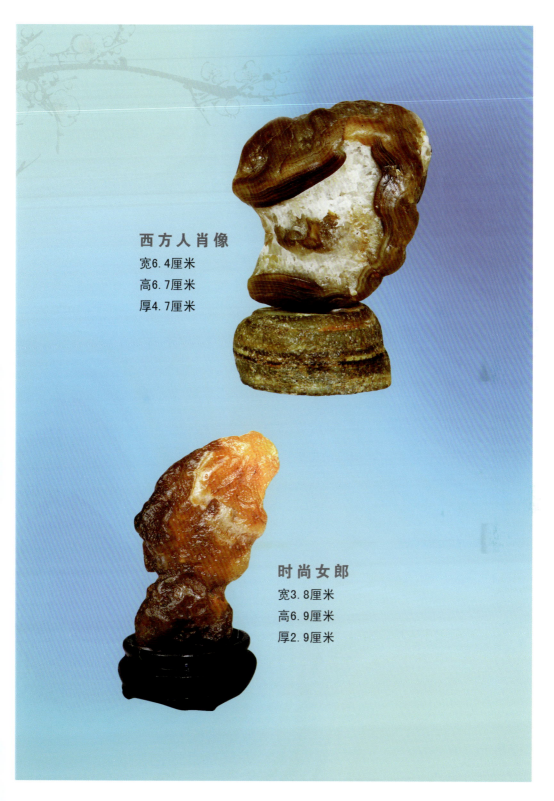

西方人肖像

宽6.4厘米

高6.7厘米

厚4.7厘米

时尚女郎

宽3.8厘米

高6.9厘米

厚2.9厘米

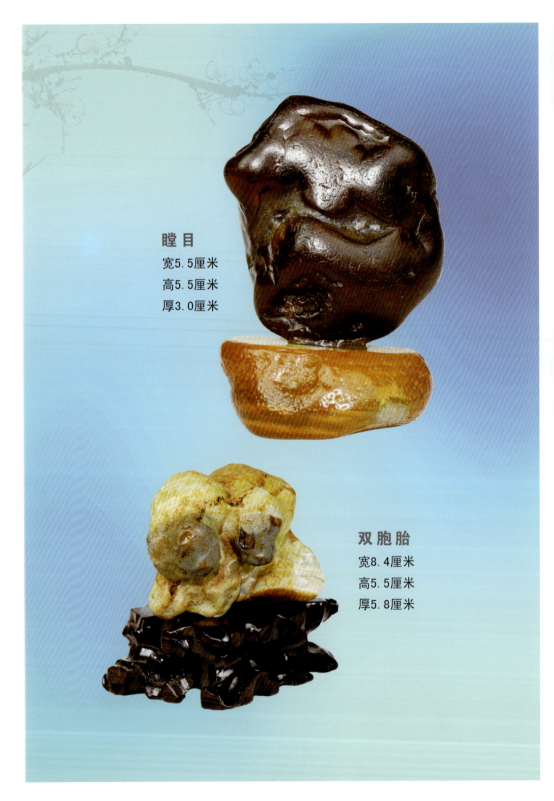

瞠目
宽5.5厘米
高5.5厘米
厚3.0厘米

双胞胎
宽8.4厘米
高5.5厘米
厚5.8厘米

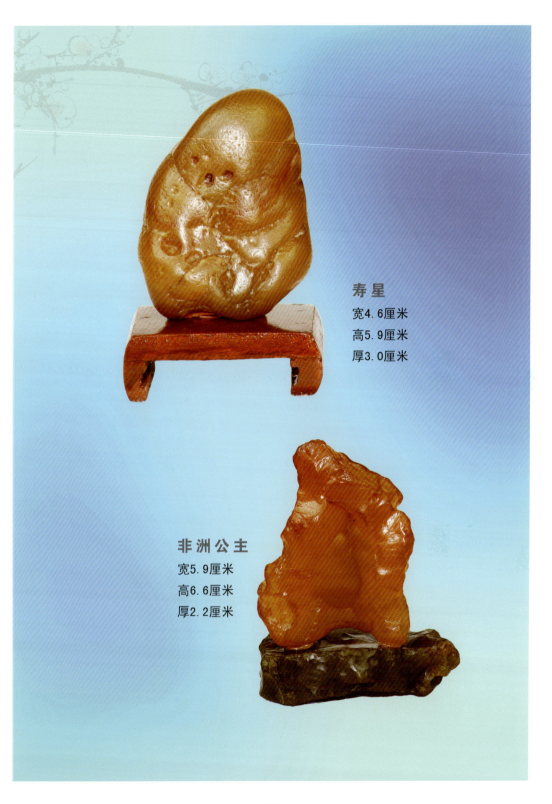

寿星

宽4.6厘米

高5.9厘米

厚3.0厘米

非洲公主

宽5.9厘米

高6.6厘米

厚2.2厘米

动物世界

小憩
宽6.0厘米
高10.0厘米
厚5.0厘米

和谐相处
左：宽10.0厘米，高5.0厘米，厚4.0厘米
右：宽5.0厘米，高9.0厘米，厚4.0厘米

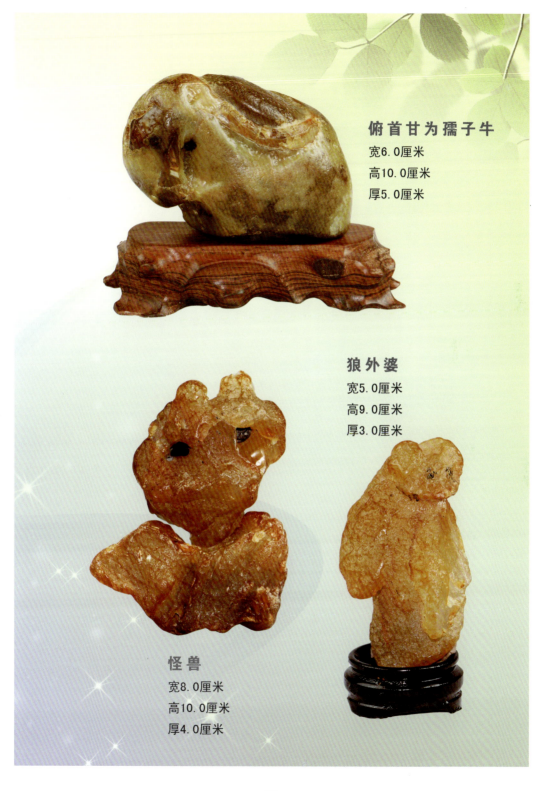

俯首甘为孺子牛

宽6.0厘米

高10.0厘米

厚5.0厘米

狼外婆

宽5.0厘米

高9.0厘米

厚3.0厘米

怪兽

宽8.0厘米

高10.0厘米

厚4.0厘米

小蜜蜂
宽4.0厘米，高6.0厘米，厚3.0厘米

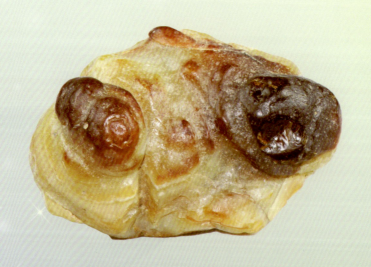

小精灵
宽4.0厘米，高6.0厘米，厚3.0厘米

无奈

宽4.4厘米

高6.1厘米

厚3.3厘米

壮

宽7.3厘米，高4.6厘米，厚4.0厘米

神州醒狮
宽6.0厘米
高6.2厘米
厚3.0厘米

稚拙
宽4.8厘米
高4.9厘米
厚3.2厘米

坐井观天

宽4.6厘米

高4.9厘米

厚4.1厘米

对话

左：宽4.0厘米，高5.8厘米，厚2.5厘米

右：宽4.6厘米，高5.0厘米，厚2.6厘米

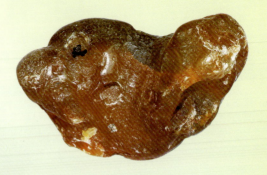

脉脉含情

左：宽3.9厘米，高5.8厘米，厚2.5厘米

右：宽4.6厘米，高3.5厘米，厚3.3厘米

搬运

宽4.9厘米

高5.1厘米

厚2.3厘米

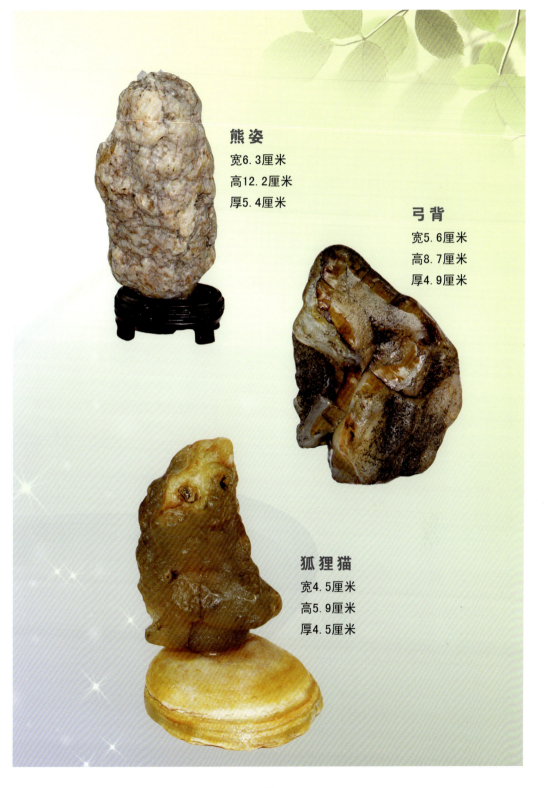

熊 姿

宽6.3厘米

高12.2厘米

厚5.4厘米

弓 背

宽5.6厘米

高8.7厘米

厚4.9厘米

狐狸猫

宽4.5厘米

高5.9厘米

厚4.5厘米

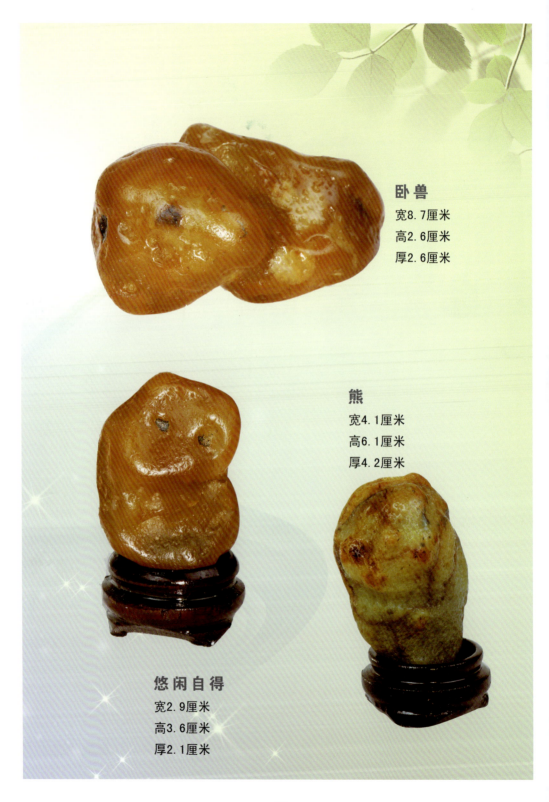

卧兽
宽8.7厘米
高2.6厘米
厚2.6厘米

熊
宽4.1厘米
高6.1厘米
厚4.2厘米

悠闲自得
宽2.9厘米
高3.6厘米
厚2.1厘米

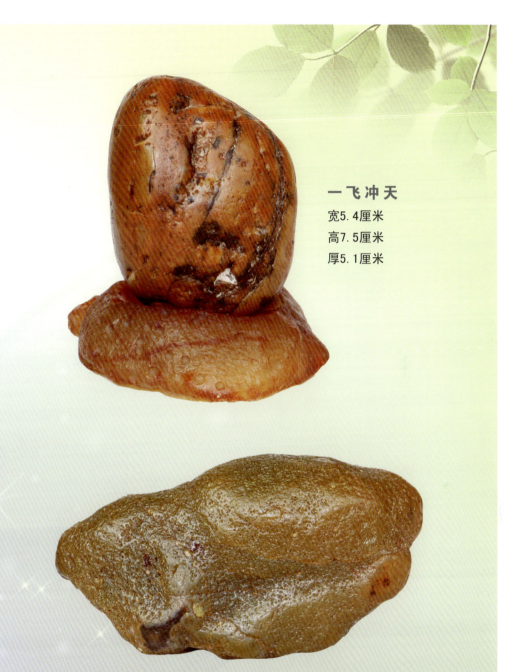

一飞冲天

宽5.4厘米

高7.5厘米

厚5.1厘米

玉兔

宽13.6厘米，高7.8厘米，厚7.1厘米

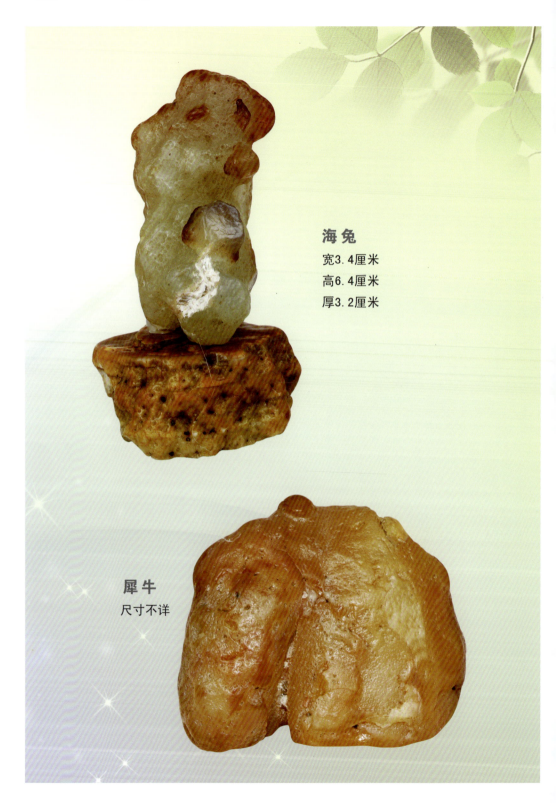

海兔
宽3.4厘米
高6.4厘米
厚3.2厘米

犀牛
尺寸不详

倾诉
左：宽3.9厘米，高5.2厘米，厚3.4厘米
右：宽3.2厘米，高4.7厘米，厚2.3厘米

长脸兽
尺寸不详

骆驼头

宽7.4厘米，高4.6厘米，厚2.7厘米

金钱龟

宽5.9厘米

高2.3厘米

厚4.6厘米

大耳兽

宽5.9厘米

高6.3厘米

厚4.4厘米

雏

宽5.5厘米

高4.8厘米

厚4.2厘米

风中竹

宽5.7厘米
高7.9厘米
厚4.4厘米

回首

宽5.1厘米
高7.6厘米
厚4.7厘米

窥视

宽5.1厘米
高5.2厘米
厚4.8厘米

顶 球

宽6.3厘米

高7.5厘米

厚3.1厘米

蝌 蚪

尺寸不详

夫唱妇随

左：宽7.2厘米，高7.9厘米，厚4.8厘米

右：宽9.8厘米，高6.1厘米，厚7.3厘米

动 物 世 界

宽6.5厘米，高7.9厘米，厚5.1厘米

雏鸡
宽4.6厘米
高6.2厘米
厚4.7厘米

鸡婆婆
宽3.5厘米
高4.2厘米
厚2.1厘米

红猫

宽3.5厘米

高6.2厘米

厚2.6厘米

花脸猫

尺寸不详

三猫

左：宽4.7厘米，高6.1厘米，厚4.3厘米

中：宽5.5厘米，高8.2厘米，厚3.9厘米

右：宽4.9厘米，高8.4厘米，厚4.1厘米

小猎兔犬史努比

尺寸不详

小棕熊

宽6.3厘米

高5.7厘米

厚5.7厘米

对视
左：宽3.6厘米，高5.3厘米，厚3.7厘米
右：宽5.7厘米，高6.2厘米，厚4.9厘米

小精灵
宽5.2厘米
高7.9厘米
厚5.4厘米

惬 意

宽4.5厘米

高7.1厘米

厚4.8厘米

鼠之家庭

尺寸不详

虎虎生威

宽9.0厘米

高8.0厘米

厚3.0厘米

医神对话

左：宽7.2厘米，高5.9厘米，厚5.6厘米

右：宽8.1厘米，高8.3厘米，厚5.2厘米

　　在传说中，蛇象征着健康、长寿，是先民的崇拜对象和供奉对象。在西方，古希腊医神的形象是手持长杖，杖身盘绕着一条蛇。现在，世界卫生组织的徽章上就有蛇绕长杖的图案。此组奇石，两蛇蛇头相对，好像在对话，在诉说着自己鲜为人知的传奇。

蛇头

宽4.8厘米

高3.5厘米

厚3.2厘米

马首是瞻

左：宽5.1厘米，高6.3厘米，厚3.2厘米

右：宽3.7厘米，高4.2厘米，厚3.2厘米

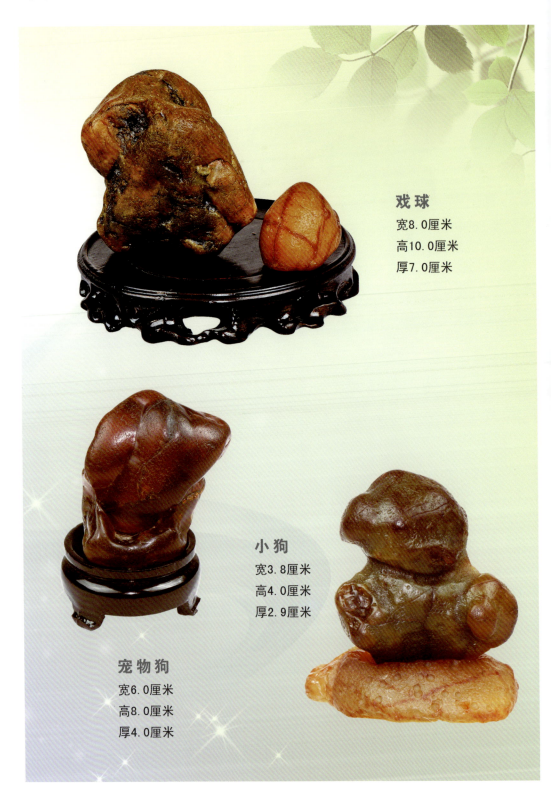

戏 球
宽8.0厘米
高10.0厘米
厚7.0厘米

小 狗
宽3.8厘米
高4.0厘米
厚2.9厘米

宠 物 狗
宽6.0厘米
高8.0厘米
厚4.0厘米

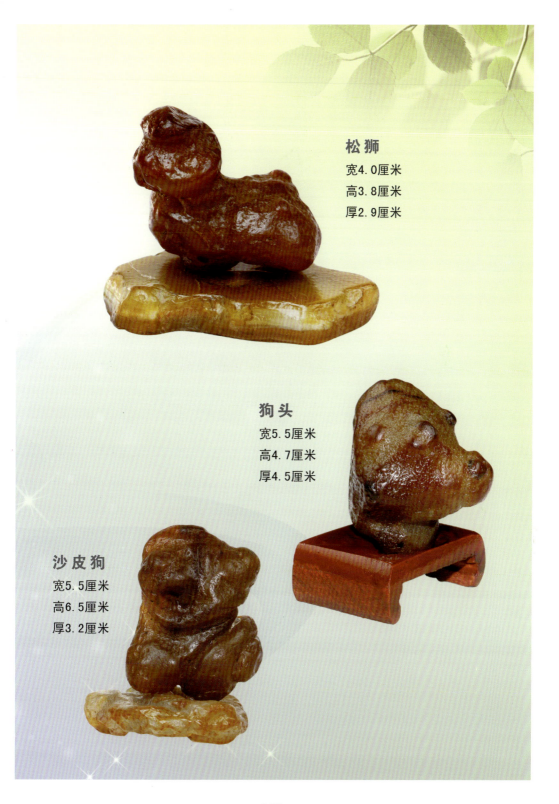

松 狮
宽4.0厘米
高3.8厘米
厚2.9厘米

狗 头
宽5.5厘米
高4.7厘米
厚4.5厘米

沙皮狗
宽5.5厘米
高6.5厘米
厚3.2厘米

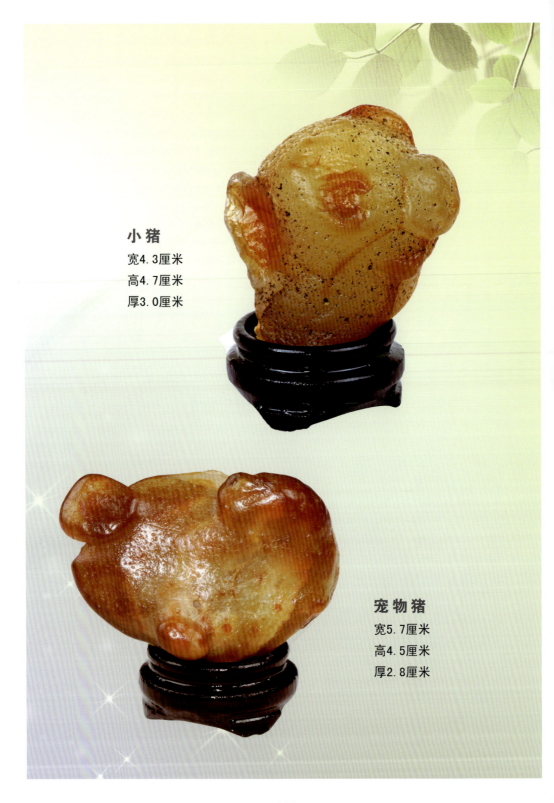

小猪
宽4.3厘米
高4.7厘米
厚3.0厘米

宠物猪
宽5.7厘米
高4.5厘米
厚2.8厘米

禅 石

　　读些禅语，可能受益：色即是空，空即是色；人生在世，如身处荆棘之中，心不动，人不妄动，不动则不伤；前生五百次的回眸才换得今生的一次擦肩而过；大悲无泪，大悟无言，大笑无声；苦海无边，回头是岸；放下屠刀，立地成佛；我不入地狱，谁入地狱；恶有恶报，善有善报，不是不报，时辰未到。

佛耳

宽4.5厘米

高9.0厘米

厚3.0厘米

佛手

宽5.9厘米

高4.3厘米

厚2.3厘米

笑佛

宽9.0厘米

高8.1厘米

厚8.2厘米

弥勒佛

宽5.1厘米

高4.9厘米

厚3.8厘米

大肚能容，容天下难容之事。

笑口常开，笑天下可笑之人。

弥勒佛

宽5.6厘米

高7.8厘米

厚5.7厘米

红衣罗汉

宽4.9厘米，高5.1厘米，厚4.2厘米

此奇石与赵孟頫笔下的《红衣罗汉》极其相似，据说《红衣罗汉》是依据达摩的形象描绘的。

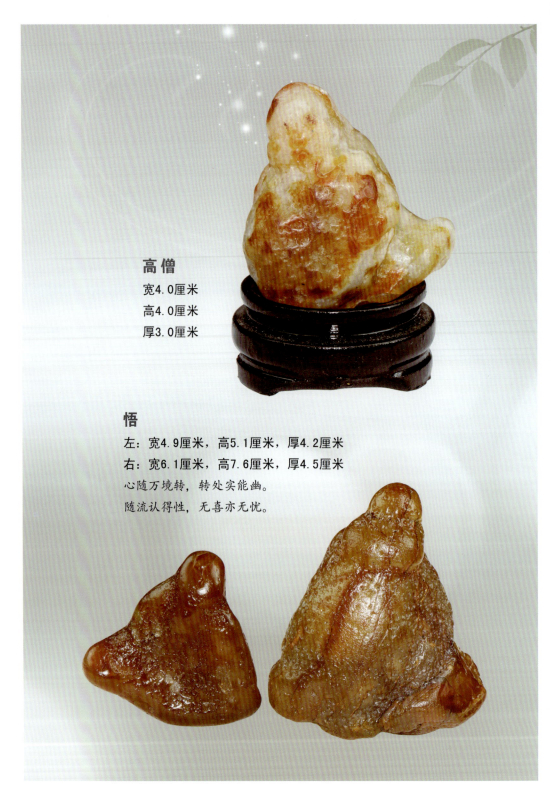

高僧

宽4.0厘米

高4.0厘米

厚3.0厘米

悟

左：宽4.9厘米，高5.1厘米，厚4.2厘米

右：宽6.1厘米，高7.6厘米，厚4.5厘米

心随万境转，转处实能幽。

随流认得性，无喜亦无忧。

禅洞

宽8.5厘米，高11.3厘米，厚13.0厘米

旧竹生新笋，新花长旧枝。

雨催行客到，风送片帆归。

乐山大佛
宽10.2厘米
高8.3厘米
厚8.6厘米

打坐高僧
宽5.6厘米
高7.5厘米
厚3.2厘米

合手拜佛
宽2.9厘米
高3.6厘米
厚2.7厘米

观音面壁
宽5.8厘米，高6.4厘米，厚4.7厘米

一次无量节时，观音在普度众生之后，看见还有许多人在苦难中，于是她流下两滴眼泪，化作了白渡母和绿渡母。白绿两渡母也像观音一样救苦救难。此奇石右侧为白衣观音面向左侧白壁，展现了观音静心修炼、深思佛事、禅定静穆之态。

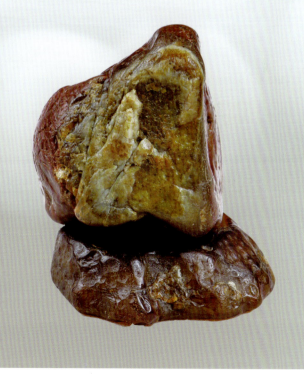

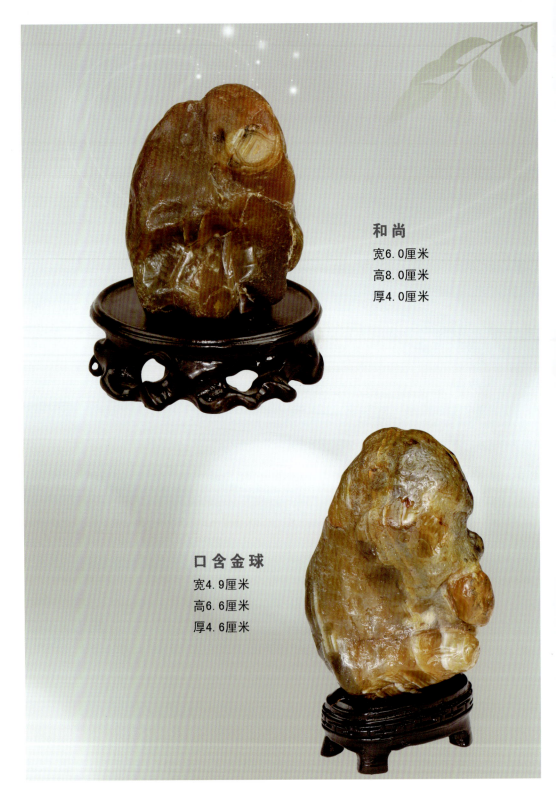

和 尚

宽6.0厘米

高8.0厘米

厚4.0厘米

口 含 金 球

宽4.9厘米

高6.6厘米

厚4.6厘米

济公

宽4.0厘米

高9.0厘米

厚4.0厘米

西天取经

左起：宽3.7厘米，高4.3厘米，厚3.7厘米；宽3.2厘米，
高5.3厘米，厚3.9厘米；宽4.3厘米，高6.0厘米，厚3.2
厘米；宽3.1厘米，高4.3厘米，厚2.3厘米

八戒思妻

宽6.0厘米，高8.0厘米，厚4.0厘米

　　奇石八戒帽子上有一妇女头像，寓意八戒在西天取经路上头脑里时时思念高老庄的高小姐。

小八戒

宽6.4厘米

高8.2厘米

厚3.4厘米

佛在心中

宽5.8厘米

高8.8厘米

厚4.2厘米

洞天福地

宽7.5厘米，高5.2厘米，厚5.0厘米

万年石洞开，红光满仙台。

钟馗下山

宽5.2厘米，高8.7厘米，厚4.9厘米

　　传说中，钟馗是唐朝人，容貌丑陋而才华出众，考中进士后因相貌丑陋而被奸相卢杞除名，愤而自杀。死后成神，专斩世间恶鬼，抱打不平之事。

禅　悟

宽4.0厘米

高6.0厘米

厚2.7厘米

会唱歌的石头

《咱们工人有力量》

宽7.0厘米，高8.0厘米，厚4.0厘米

  此奇石左侧造型为工人使用的带有调节松紧的活口扳子，右侧红色圆形图案犹如太阳，太阳左方又有一小小的黄色弯月，扳子紧紧夹住了太阳与弯月。欣赏这枚配上巨手的奇石，心里默默唱起《咱们工人有力量》，工人阶级创造新世界的高大形象跃然眼前。这枚奇石所展现的正是工人阶级扭转乾坤、敢叫日月换新天的无穷威力和伟大功绩。

慈母
宽9.3厘米
高7.3厘米
厚8.5厘米

水晶心
宽3.6厘米
高3.9厘米
厚2.3厘米

感悟

左：宽3.3厘米，高4.5厘米，厚2.4厘米

右：宽2.8厘米，高5.1厘米，厚2.0厘米

飞来石

宽3.1厘米，高6.8厘米，厚2.4厘米

相传，黄山飞来石为女娲补天所剩的两石之一，后来飞落黄山。其实"飞来石"并非天外飞来，它与下部的基座平台原系一体，都是由黄山岩体补充期侵入的中细粒斑状花岗岩所构成，后由于风化剥蚀、冰川流水和重力崩塌，四周岩块逐渐剥离脱落，基座平台面上的接触面变得很小，最终形成了兀立于高座平台之上的"飞来石"奇观。

梦

宽5.1厘米

高6.7厘米

厚1.9厘米

女儿镜

直径5.2厘米

当窗理云鬓，对镜贴花黄。

哮天犬

宽4.0厘米

高3.8厘米

厚2.9厘米

雨打芭蕉

宽5.6厘米

高7.8厘米

厚4.2厘米

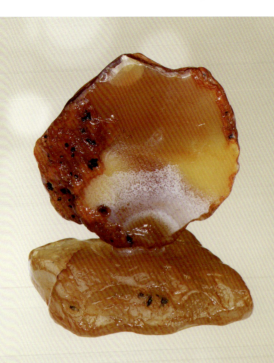

太初至圣

宽5.0厘米

高4.6厘米

厚4.2厘米

云深不知处

宽4.9厘米

高5.7厘米

厚4.8厘米

月 影

直径5.2厘米，厚1.8厘米

对 石

　　对石是非常难得的自然奇珍。石块经各种原因被打成碎块，天各一方。千百年后被人得到，"对"了起来，浑然一体，这就是"对石"。好的对石非常难得。新破开的两块当然吻合，但那不是对石，而是"剖石"。年代过于遥远，断口各自成了球面，无法对起来，也不能叫对石。只有年代适宜，断口既已研磨圆润，又能严丝合缝，才叫对石。

对石之一
整体宽6.0厘米，高8.0厘米，厚6.0厘米
分开左：宽4.0厘米，高6.0厘米，厚6.0厘米
　　　右：宽4.0厘米，高6.0厘米，厚6.0厘米

对石之二

整体直径7.0厘米，高5.0厘米

分开左：径6.0厘米，厚2.5厘米

右：径6.0厘米，厚2.5厘米

雷同石

　　人有孪生，石有雷同，大自然的机缘巧合令人慨叹！对于一位奇石收藏者而言，这些造型极为相似的玛瑙，实在是可遇而不可求。

狒狒
左：宽4.1厘米，高5.3厘米，厚4.3厘米
右：宽3.6厘米，高4.3厘米，厚3.6厘米

孪生兄弟
一对：宽4.0厘米，高5.0厘米，厚4.0厘米

比翼鸟

左：宽3.1厘米，高4.8厘米，厚1.7厘米
右：宽3.5厘米，高5.4厘米，厚3.1厘米
在天化作比翼鸟，在地愿为鸳鸯石。

神箭

左：宽5.1厘米，高2.9厘米，厚2.3厘米
右：宽5.3厘米，高2.4厘米，厚2.3厘米

孪生胖子

一对：宽7.0厘米

高7.0厘米

厚4.0厘米

形形色色的帽子

　　帽子自古以来就是人们重要的用品之一。它不仅可以用来保暖，还可显示主人的身份、情趣、品位和性格。那么，这些帽子的主人又是谁呢？

红军八角帽

宽10.0厘米

高6.0厘米

厚6.0厘米

母子帽

左：宽3.0厘米，高3.0厘米，厚3.0厘米

右：宽2.8厘米，高2.3厘米，厚3.0厘米

时尚帽子

宽5.7厘米

高3.7厘米

厚4.5厘米

登山帽

宽9.5厘米

高5.1厘米

厚7.3厘米

老式毡帽

宽6.7厘米

高3.4厘米

厚5.3厘米

怪异帽

宽7.4厘米

高4.5厘米

厚4.0厘米

鸭舌帽

宽6.0厘米

高2.7厘米

厚4.0厘米

摩登帽

宽6.1厘米

高3.5厘米

厚4.1厘米

母爱

游子吟

唐·孟郊

慈母手中线，游子身上衣。
临行密密缝，意恐迟迟归。
谁言寸草心，报得三春晖。

慈母

宽4.8厘米

高5.2厘米

厚3.8厘米

乳房

一对：直径3.0厘米

厚3.0厘米

小背篓

宽6.8厘米，高8.9厘米，厚4.4厘米

　　小背篓晃悠悠，笑声中妈妈把我背下了吊脚楼。头一回幽幽深山中尝野果哟，头一回清清溪水边洗小手哟，头一回赶场逛了山里的大世界，头一回下到河滩里我看了赛龙舟。哟啊啊……哟啊啊。童年的岁月难忘妈妈的小背篓。

胴体

宽5.0厘米

高7.0厘米

厚3.0厘米

慈母心

尺寸不详

母子连心

左：宽2.1厘米，高2.9厘米，厚1.0厘米

右：宽5.0厘米，高6.3厘米，厚3.0厘米

五彩缤纷

鸡血红

尺寸不详

古语云：玛瑙无红一世穷。

热情似火

宽10.0厘米

高9.5厘米

厚5.0厘米

绿玛瑙

左：宽4.2厘米，高5.6厘米，厚3.1厘米

中：宽4.1厘米，高4.4厘米，厚2.4厘米

右：宽5.1厘米，高4.3厘米，厚3.4厘米

热情似火

宽10.0厘米

高9.5厘米

厚5.0厘米

灵山仙佛

左：宽3.8厘米，高5.9厘米，厚3.0厘米

右：宽3.6厘米，高5.1厘米，厚3.2厘米

眼 镜 蛇

宽5.7厘米

高6.6厘米

厚4.2厘米

天外来石
宽7.6厘米，高6.5厘米，厚7.1厘米

黑 如 漆
尺寸不详

恐龙蛋
左：宽5.6厘米，高4.8厘米，厚5.6厘米
右：宽5.4厘米，高5.1厘米，厚5.4厘米

玲珑心

宽4.2厘米

高4.3厘米

厚2.9厘米

紫叶

宽5.1厘米

高7.8厘米

厚4.1厘米

白如霜

宽10.0厘米

高8.0厘米

厚5.0厘米

晶莹剔透

左：宽3.0厘米，高3.3厘米，厚2.8厘米

右：宽6.9厘米，高6.7厘米，厚4.3厘米

爱情的故事

左：宽5.2厘米，高7.1厘米，厚3.9厘米

右：宽3.2厘米，高3.9厘米，厚3.4厘米

共生石

生死与共

宽10.0厘米，高9.0厘米，厚5.0厘米

多彩世界

左：宽6.5厘米，高7.0厘米，厚4.0厘米

右：宽5.5厘米，高6.0厘米，厚4.0厘米

天上人间

左：宽5.7厘米，高9.0厘米，厚2.2厘米

右：宽6.1厘米，高7.1厘米，厚2.1厘米

卧象

宽7.6厘米，高4.8厘米，厚5.1厘米

杯形玛瑙

"一捧雪"玛瑙杯

宽7.0厘米，高5.0厘米，厚5.0厘米

　　明代著名玉杯"一捧雪"，口径7.0厘米，深2.5厘米，杯口琢梅花五瓣，杯外壁琢梅枝梅花。为不让权臣严嵩据有此杯，"一捧雪"的收藏者莫怀古弃官改姓隐居他乡，"一捧雪"失踪。不久前面世，它被定为国家二级文物。此奇石呈杯状，杯口呈花瓣形，内壁光滑如镜，里面犹如龙腾凤舞，质地晶莹剔透，呈白色。从其造型、大小、颜色诸方面看，与明代"一捧雪"相似之处颇多，故称此天然玛瑙杯为"一捧雪"。

三人行

上：宽7.3厘米，高6.6厘米，厚6.2厘米

左下：宽7.1厘米，高6.3厘米，厚5.9厘米

右下：宽4.5厘米，高4.8厘米，厚3.5厘米

举杯邀明月，对影成三人。

金樽

宽8.0厘米

高9.0厘米

厚8.0厘米

夜光杯

宽8.0厘米

高8.0厘米

厚8.0厘米

抽 象

天 问

左：宽7.0厘米，高11.0厘米，厚5.0厘米

右：宽10.0厘米，高8.2厘米，厚6.0厘米

　　屈原所作《天问》篇是对天的质问。全篇由170个问题组成，包括自然现象、神话传说、历史人物等方面，反映出作者深刻的探索精神。

　　此组奇石质地细腻、剔透、色俏。石顶端造型似"口"冲天，构成了人在向天发问的抽象艺术佳作。欣赏此奇石，能够激励人们学习屈原的赤诚爱国情操和深刻探索精神。人生易老天难老。让我们以坚定的信念，为中华民族的振兴探索不息、奋斗不止，在短暂的人生中写下不朽诗篇。

烟雨蒙蒙

宽3.7厘米

高4.4厘米

厚3.6厘米

静夜思

宽5.3厘米

高6.8厘米

厚4.5厘米

玉树琼枝

宽4.4厘米

高6.4厘米

厚2.5厘米

水胆玛瑙与空心玛瑙

水胆玛瑙

尺寸不详

空心玛瑙

宽3.6厘米，高6.3厘米，厚2.6厘米

天然透玛瑙

宽5.9厘米，高3.7厘米，厚1.1厘米

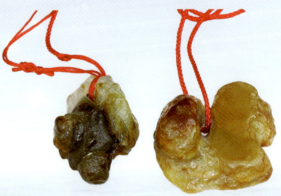

文字石

回

宽6.5厘米，高8.0厘米，厚4.4厘米

此嫩江玛瑙在石的平面上天然自成一个白色的"回"字。它质地细腻，色泽柔美，纹理分明，字体端庄，笔画匀称，刚劲有力。与常用字字帖及古代书法家墨宝"回"字既有相似之处，又显独特，令人拍案叫绝。

"八一"

左：宽4.2厘米，高4.6厘米，厚4.3厘米

右：宽5.0厘米，高5.0厘米，厚5.4厘米

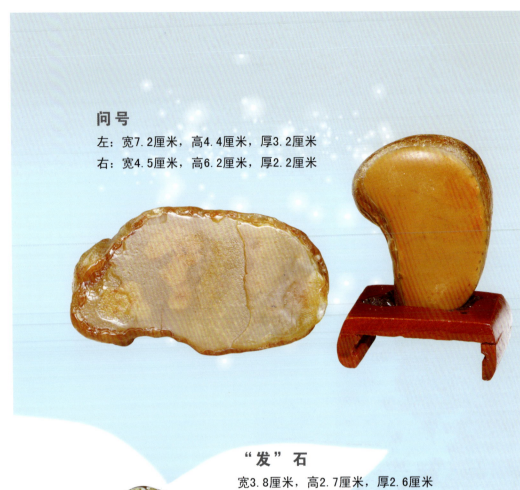

问号
左：宽7.2厘米，高4.4厘米，厚3.2厘米
右：宽4.5厘米，高6.2厘米，厚2.2厘米

"发"石
宽3.8厘米，高2.7厘米，厚2.6厘米
在中国传统文化中，"8"谐音"发"，是一个吉祥的数字。

山品

宽3.3厘米

高6.3厘米

厚2.9厘米

诉衷肠

左：宽4.8厘米，高5.9厘米，厚3.1厘米

右：宽5.6厘米，高6.6厘米，厚2.8厘米

两块奇石上都有一个"口"字，好像在相互倾诉心语。

笔 架
宽10.0厘米，高7.4厘米，厚5.8厘米

甲骨文
宽3.3厘米
高3.1厘米
厚2.9厘米

图案石

神鸟

宽6.0厘米，高9.0厘米，厚4.0厘米

  古代把朱雀、凤凰、青鸟、大鹏、孔雀等皆称为神鸟。此石图形与唐代神鸟铜镜上的神鸟图案相似，故称神鸟。

狐仙

 左：宽5.0厘米，高8.0厘米，厚5.0厘米

 右：宽6.1厘米，高8.4厘米，厚4.6厘米

老子讲道

宽8.0厘米

高8.0厘米

厚6.2厘米

雪山之巅

宽3.9厘米，高6.9厘米，厚3.9厘米

梦 幻

宽4.3厘米

高5.8厘米

厚4.6厘米

金发女郎

宽3.2厘米

高3.8厘米

厚2.0厘米

玉鼠

宽8.2厘米

高7.3厘米

厚4.4厘米

流水潺潺

尺寸不详

金屋藏猫

宽5.3厘米，高4.7厘米，厚5.1厘米

夫妻峰

宽7.8厘米

高3.9厘米

厚4.0厘米

背影

宽4.9厘米

高6.1厘米

厚4.1厘米

万水千山

左：宽5.6厘米，高6.8厘米，厚4.1厘米

右：宽3.5厘米，高6.7厘米，厚1.7厘米

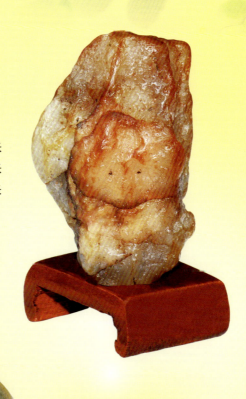

娃娃

宽5.6厘米

高7.7厘米

厚5.3厘米

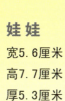

面壁

宽5.6厘米，高7.5厘米，厚3.2厘米

有禅有净土，犹如戴角虎。

现世为人师，将来作佛祖。

无禅有净土，万修万人去。

但得见弥陀，何愁不开悟。

有禅无净土，十人九蹉路。

阴境若现前，瞥尔随他去。

无禅无净土，铁床并铜柱。

万劫与千生，没个人依怙。

斑马纹

左：宽3.7厘米，高4.2厘米，厚3.6厘米

中：宽3.1厘米，高4.4厘米，厚3.1厘米

右：宽3.5厘米，高4.1厘米，厚3.4厘米

拨星弄月

宽6.3厘米

高4.9厘米

厚4.8厘米

一池河马

宽7.3厘米

高5.7厘米

厚3.0厘米

白云山头云欲立

宽7.0厘米，高12.0厘米，厚5.0厘米

松下问童子，言师采药去。

只在此山中，云深不知处。

镜中乾坤

镜的外形有方、圆、多角、花边之别。

镜可鉴，正衣冠。

镜可照世间万物，赏镜乐趣妙不可言。

不规则镜

宽7.3厘米

高6.2厘米

厚2.3厘米

蛋形镜

宽3.5厘米

高5.3厘米

厚2.3厘米

葵花镜

宽6.6厘米

高6.8厘米

厚4.3厘米

雅致

宽5.8厘米

高7.1厘米

厚4.1厘米

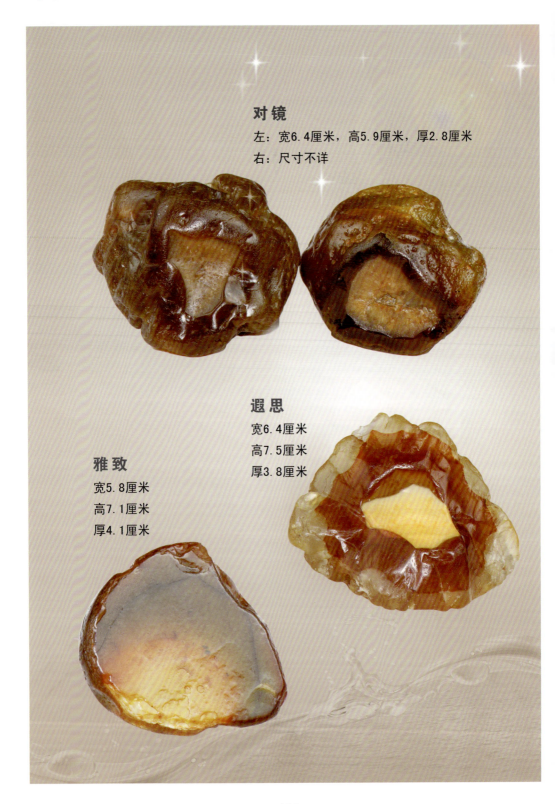

对镜

左：宽6.4厘米，高5.9厘米，厚2.8厘米

右：尺寸不详

遐思

宽6.4厘米

高7.5厘米

厚3.8厘米

雅致

宽5.8厘米

高7.1厘米

厚4.1厘米

奇妙组合

少数民族男女

一对：宽5.2厘米

高7.0厘米

厚4.0厘米

顽童

宽5.7厘米，高7.3厘米，厚5.3厘米

春夏秋冬

夏日仙桃
宽6.2厘米，高7.1厘米，厚6.2厘米

春蚕破茧
宽7.2厘米，高6.6厘米，厚5.0厘米

秋实累累
尺寸不详

冬梅傲雪
宽5.1厘米，高4.3厘米，厚1.5厘米

静夜思

床前明月光，
疑似地上霜。
举头望明月，
低头思故乡。

床前明月光

直径6.2厘米

疑是地上霜

宽6.8厘米

高5.0厘米

厚3.6厘米

举头望明月

宽5.9厘米

高6.3厘米

厚5.0厘米

低头思故乡

宽6.9厘米

高5.8厘米

厚5.1厘米

天净沙·秋思

枯藤老树昏鸦，

小桥流水人家。

古道西风瘦马，

夕阳西下，

断肠人在天涯。

　　马致远的这首小令名作《天净沙·秋思》被称为"秋思之祖"。作品内容本身，简简单单，普普通通，叙述羁旅漂泊人，时逢黄昏，感应突袭。感而发，发而思，思而悲，悲而泣，泣而痛。

　　这首小令名作意深，含蓄无限，玩味无穷；调高，心驰物外，意溢于境。是境，是景，水乳交融，情景映衬；是意，是情，相辅相成，相济相生。怪不得王国维在《人间词话》曰："文章之妙，小一言蔽之，有境界而已。"精品，不可不读；美文，不可不品。一曲《秋思》，心中隐隐作痛，悲泪欲出"。

枯藤老树昏鸦
宽6.2厘米
高5.6厘米
厚4.8厘米

小桥流水人家

尺寸不详

古道西风瘦马

宽6.1厘米

高5.4厘米

厚4.6厘米

夕阳西下

宽4.8厘米

高4.6厘米

厚4.1厘米

断肠人在天涯

宽4.2厘米

高4.8厘米

厚4.0厘米

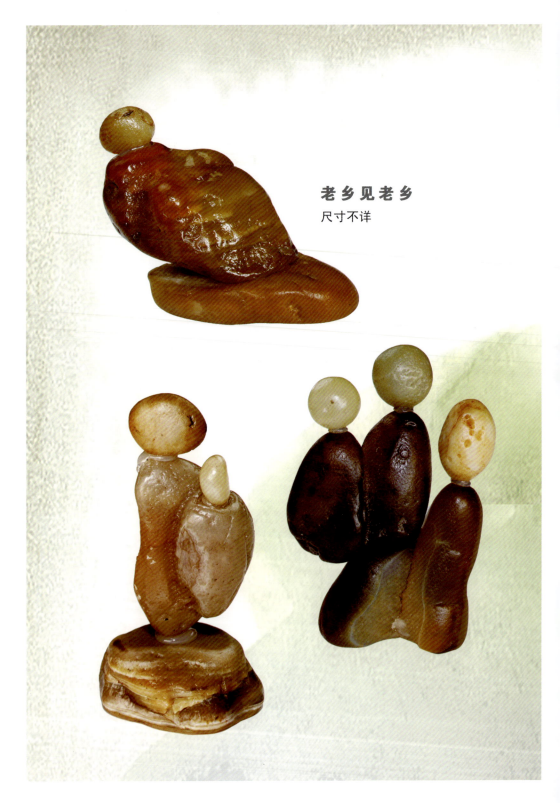

老乡见老乡

尺寸不详

黄河之水天上来

宽8.0厘米

高6.5厘米

厚3.3厘米

摩崖仙芝

尺寸不详

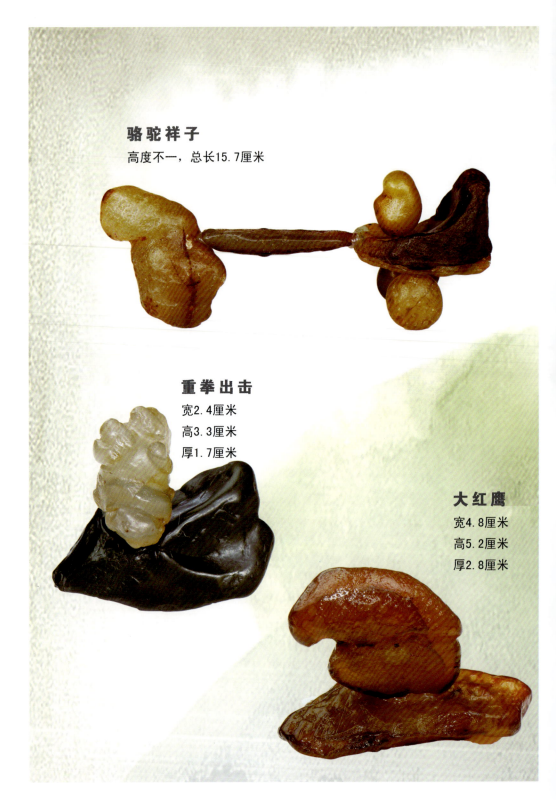

骆驼祥子

高度不一，总长15.7厘米

重拳出击

宽2.4厘米

高3.3厘米

厚1.7厘米

大红鹰

宽4.8厘米

高5.2厘米

厚2.8厘米

草鞋足迹

　　草鞋被称为"红军鞋"，它曾伴随红军战士走过了长征中的千难万险，走出了中华民族不屈不挠、艰苦奋斗的优良品质，走出了中华民族的希望与未来。"草鞋精神"以及中华民族特有的那些高贵品质，正是我们国家发展、壮大所需要的，也是中华民族的繁荣、富强不可缺少的。

　　我们回望经历的一切，追寻历史足迹，感悟现实生活。"民族精神代代传"，让我们以饱满的热情和执着的精神向着更高、更远的目标迈进！

高腰草鞋
左：宽3.6厘米，高3.1厘米，厚2.1厘米
右：宽3.5厘米，高2.7厘米，厚2.6厘米

童鞋
宽4.5厘米
高3.3厘米
厚3.9厘米

鱼籽玛瑙

鸟
宽6.8厘米
高5.0厘米
厚3.9厘米

荔枝
宽4.9厘米
高5.4厘米
厚2.8厘米

蛙
宽4.9厘米
高4.2厘米
厚2.8厘米

珍珠石

宽4.1厘米

高3.7厘米

厚3.6厘米

梦乡

左：宽6.7厘米，高5.2厘米，厚5.4厘米

右：宽4.3厘米，高3.7厘米，厚3.6厘米

珠 蚌

五彩珍珠
尺寸不详

珠 蚌
宽8.7厘米，高4.9厘米，厚4.1厘米

秀在其中
宽5.7厘米
高5.2厘米
厚2.9厘米

时光隧道
宽5.6厘米
高7.2厘米
厚5.0厘米

卡 通

大花脸
宽6.0厘米
高6.5厘米
厚3.6厘米

小狗熊开汽车
宽5.5厘米
高3.3厘米
厚5.0厘米

天之骄
尺寸不详

八仙过海
宽4.9厘米
高8.8厘米
厚3.6厘米

黑龙江水冲玛瑙珍赏

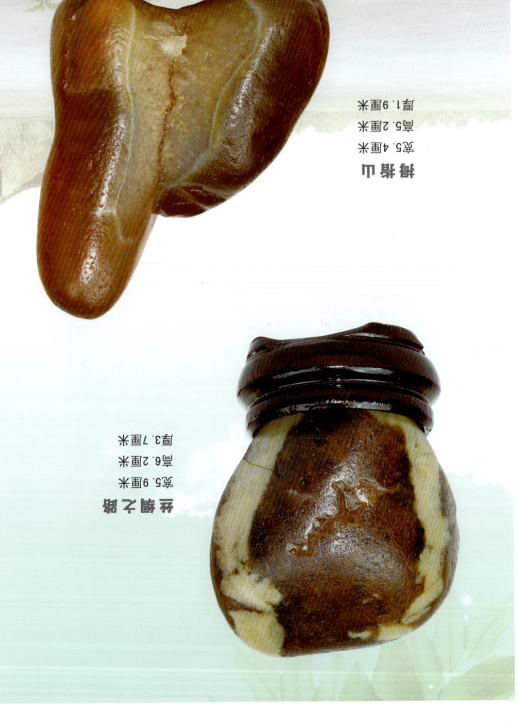

得挑山

宽5.4厘米
厚5.2厘米
厚1.9厘米

名镜之谜

宽5.9厘米
厚6.2厘米
厚3.7厘米

云霞

宽8.2厘米

高5.7厘米

厚4.6厘米

奇境

宽5.2厘米，高3.8厘米，厚3.0厘米

无 极

宽5.2厘米

高7.9厘米

厚3.0厘米

彩霞满天

宽4.9厘米

高6.5厘米

厚2.7厘米

双峰耸立

宽4.3厘米

高4.1厘米

厚3.8厘米

红红火火

宽6.2厘米

高6.9厘米

厚4.9厘米

夕阳红

宽6.6厘米

高4.8厘米

厚2.0厘米

贺兰雪霁

宽9.9厘米

高6.2厘米

厚3.9厘米

荷塘月色

直径4.7厘米，厚1.5厘米

火鹤峰

左：宽3.7厘米，高3.9厘米，厚2.8厘米

右：宽5.6厘米，高6.3厘米，厚1.7厘米

蛙声十里

左：宽4.7厘米，高6.5厘米，厚2.4厘米

右：宽3.1厘米，高3.9厘米，厚2.6厘米

记忆

上：宽6.9厘米，高7.1厘米，厚2.4厘米
左下：宽5.4厘米，高5.8厘米，厚4.2厘米
右下：宽3.6厘米，高3.4厘米，厚2.7厘米

鹤乡情思

尺寸不详

玛瑙搜集收藏常识

玛瑙的传说

玛瑙是人类最早发现和利用的宝玉石材料之一，自古以来它就被视为美丽、幸福、吉祥和富贵的象征，深受世界各国人民的喜爱。

中国历史上有"千种玛瑙万种玉"之说。玛瑙有同心状、层状、波纹状、斑纹状等花纹，有油脂光泽、玻璃光泽等。而且因玛瑙含有不同色素离子，玛瑙还会呈现红、蓝、绿、葱绿、黄褐、褐、紫、灰、黑等颜色，五彩缤纷。

传说黄帝时期的玛瑙瓮和周天子时用来象征身份与品德的玉组佩上就有玛瑙的身影。

据西汉刘歆《西京杂记》记载，汉武帝刘彻时，身毒（今印度）向大汉帝国进贡，贡品为连环羁，上面装饰了玛瑙等物。这种使用玛瑙装饰的连环羁当时还在长安城内引领了一股"赛鞍"风潮。

在我国，人们相信红玛瑙能够带来财富，是被使用得最普遍的玉石。首饰匠人用红玛瑙雕制出蝴蝶、蜻蜓、花朵的形状，或者和白色、杂色玉石一起，运用传统的细金工技法镶制成头簪、手镯、耳环、纽扣、帽扣、针筒、长命锁等各种各样的装饰品。清代以前，我国的玛瑙自然产出量不大，一直是一种价值不菲的宝石，有着较高的社会地位，且蒙着一层神秘的面纱。玛瑙工艺品也是最受中原地区欢迎的外来贡物之一，长期被奉为珍品。

在古代埃及，人们用红玛瑙雕制成圣甲虫的形状作为护身符，陵墓中出土的珠宝首饰中，红色玛瑙、青金石、绿松石和黄金一起，是古埃及法老和贵族们要带入另一个世界的珍宝。在古代巴比伦，只有贵族和富商才能用玛瑙制作滚动印章，平民只能用石头或是泥土来制作自己的滚动印章。皇室的随葬品中，红玛瑙和黄金一样，被制作成精美的首饰。

在西方，人们用玛瑙制作图章、念珠、胸针，他们认为，玛瑙可以为佩戴者增添勇气，消除失眠，为人们带来好运。他们相信，凝视玛瑙，可以舒缓眼睛的压力；佩戴玛瑙，可以得到上帝的保佑。很多水手佩戴玛瑙，以期避免海上的危险，也令自己更有勇气。18世纪中叶是玛瑙护身符十分流行的时期。红色的条纹玛瑙象征着圣人的谦虚和隐修者的美德。

传说爱和美的女神阿佛洛狄，躺在树荫下熟睡时，她的儿子爱神厄洛斯，偷偷地把她闪闪发光的指甲剪下来，并欢天喜地地拿着指甲飞上了天空。飞到空中的厄洛斯，一不小心把指甲弄掉了，而掉落到地上的指甲变成了石头，这就是玛瑙。因此有人认为拥有玛瑙，可以强化爱情，加深自己与爱人之间的感情。

玛瑙的用途非常广泛，它可以作为药用。中医界认为，玛瑙味辛寒无毒，对于眼科目生障翳者，用玛瑙研末点之，疗效很好。由于玛瑙中含有铁、锌、镍、铬、钴、锰等多种微量元素，所以，长期食用有益健康。夏天佩戴玛瑙项链和手镯，不但清纯美丽，而且凉爽宜人。

传说，玛瑙自古以来一直被当作避邪物和护身符使用，象征友善、爱心和希望，且有助于消除压力、疲劳、浊气等负性能量。将适量的玛瑙放置于枕头下，有助于安稳睡眠，并带来好梦。

玛瑙还是制作首饰、工艺品、研磨工具、仪表轴承的材料。

玛瑙石的搜集

获得玛瑙石的途径，除了民间流传、购买、交换外，还可自行采集。采石是一项时尚而有意义的运动。

外出采集玛瑙石时，需带上铁爪钩、铁锨、杆棒、绳子、铁铲等挖掘类的器械，还有水壶、雨具、遮阳伞、食品、饮料及必要的药品。最好结伴同行，以防发生挖掘时山体塌陷、野兽出没或河滩上流开闸放水的意外事件。

山石的采集

采集山石类石，首先应了解石脉走向、范围、路线。在新滑坡处更易找到山石，因为自然力已为我们扒开了覆土层。采集山石应主要采用挖掘的方法，以保存原石的完整性。有的石种，非钢锯、斧凿不能采取，也应抱着谨慎观察的态度。采集前要注意是否违反当地政府有关水土保持的禁令，采集的部位、角度要明确，大而无当反不如小而精巧。

江河石的采集

河流不同地段的石头的造型差异很大。上游石表面过于粗糙，而中游石较为柔和，石肌纹理显现得也比较理想，是江河石采集的最佳地段。下游石圆润、纹理清晰，卵石佳品也有不少。大部分江河石采自于河滩江边，亮滩时是最佳采集时节。有的地方在暴雨后反能觅得奇石，这是因为暴雨使得河石松动翻滚，被冲向岸边，露出真容。

玛瑙石的清洗

玛瑙石是经过大自然千百万年的鬼斧神工才"创造"出来的，妙造天然，这是它最重要的特色和属性之一。因此，玛瑙石清洗的第一要诀就是要珍惜和保护它的这一特色和属性。玛瑙石清洗有很大的学问，如果清洗不当，石质受到损坏，那么它的价值也就会受到损害。

玛瑙清洗的一般方法：

1. 山石的清洗，常采用雕凿、刮削、锉磨、砂刷等方法。

2. 江河石的清洗相对简单，一般只需用清水浸泡数小时，再用棕刷或丝瓜筋将其青苔、水垢刷洗掉即可。如掺杂有海藻、贝类等附着物，可使用稀释度为1：5的冰醋酸浸泡，半天至一天后，即行脱落，然后再反复用清水冲刷漂洗，直到满意为止。

3. 石面上附着物一时难以剔除的，就将其置于露天，日晒雨淋，风吹露浸，时间一久，它也会风化。有时先曝晒一星期左右，使其山泥干硬，然后浸入水中，山泥会自然成块剥落，再用清水冲刷。再经人工稍加剔除后，就会显示出其返璞归真的自然造型。

4. 水洗。用清水冲洗。

玛瑙石的养护

手养

行话说：养石即养心。手养是养石最好的方法。常常抚摸石头，手上的油脂通过体温传递到石头上，石质会越来越温润。手养是针对手玩件，经过长期的把玩，石头吸收由人体毛孔排出的油脂，会变得光润可人。

水养

水养是最常见最易行的方法。可喷洒、浸润，但时间不要过长，一般两三天后就应取出晾干存放。水养中还有一种茶养的方式。每天喝茶的时候，用泡茶水养护奇石，效果也非常不错。若能匠心经营，久而久之，茶水渗入石肤之内，逐渐形成包浆，使其古拙凝重，气色截然不同，亦为奇品。茶养适合颜色较深或者刻意想要加深颜色的石头。

油养

油养可以保持石之光泽，避免石肤气化、风化。硬度较高的石头适合油养。油养之前，须将石头清洗干净，晾干，然后用柔软的绒布蘸上油蜡轻轻擦拭，涂抹均匀后置于一旁，让石头慢慢吸收。有些石头比较"吃油"，可等油干后再涂一遍。但每天上油的次数不宜过多，以免影响石质。使用的保养油有婴儿护肤油、茶油、橄榄油等。此外凡士林的效果也比较理想。虽然这类物质在短时期内可以使石头的质地、色感更为突出，但油脂会堵塞石头的毛细孔，妨碍石头的呼吸，即妨碍它吸收空气中的养料，使石头显得老气。而且，上油后的奇石之光泽，有一种造作感，过重的油腻还容易产生返潮现象，致使石头的表面变得一片灰白，轻则使色泽发生变化，重则遮掩了石头的本来面目。总的看来，油养是得不偿失，不值得提倡的。

石伤养护

可先对其进行打磨、修整，再将原石放置于露天石架上。石架最好不用钢铁塑料制品，以水泥制品为好。原石在石架上经受日晒雨淋，养护者定时浇水，时间一长，石肤自然风化、自然变色。直到整块供石在质感、色感方面完全调和，再迁入室内观赏。

养护玛瑙石，还要注意不要碰撞硬物或是掉落；要避免阳光直射或过冷过热，要避开热源，如阳光、炉灶等，防止因热胀冷缩而损坏；尽量避免与香水、化学试剂等物品接触，避免因腐蚀而影响其鲜艳度和光亮度；尽可能避免油污和灰尘。对灰尘可用柔软的毛刷清洁，擦拭时要用柔软的白布，避免划伤。对附着在表面的油渍污垢等，可用温淡的肥皂水刷洗，再用清水冲净；带状玛瑙存放的空间要保持适当的湿度，特别是在比较干燥的冬季更应保持空气的湿润。

玛瑙石的陈列

几案

几案陈列的一般是 50 — 100 厘米的中形观赏石，一石一几，尊贵气派，效果最佳。

博古架

一般指凌空的几架，有扇形、圆形、方形、葫芦形、花瓶形等等，可陈列数量更多的观赏石。博古架一般陈列 20 — 30 厘米较小的观赏石。

陈列柜

陈列柜一般指有玻璃门的用于陈列摆放工艺品的橱柜。主要用于陈列摆放精品观赏石，适合家庭、办公室陈列摆放。

书桌

手玩石、镇纸石等摆放于书桌，可以经常把玩，非常亲近，对观赏石的包浆养护也很有好处。

玛瑙石的配座

设计配座要坚持赏石的整体性原则。赏石的整体性包括奇石（形、质、色、纹等）、配座和命题，只有三者相结合，才能产生赏石的韵味和意境。所以说，底座的重要性不容置疑。底座可以提升观赏石的经济价值，可以引导欣赏角度、体现观赏石的个性和流派，可以为观赏石成为艺术品构架通行的桥梁。特别在小品组合中，底座对主题、意境的烘托和渲染更是起到了十分微妙的作用。总而言之，配座有突出止血、烘衬主题、平衡重心、协调色调、掩憾藏拙等作用。

设计配座一定要树立"合适"的观点。要保证观赏石作品的整体水平，配座就必须要"合适"。在配座时应该明白，并非是用底座去替代观赏石本身的天然之美，而是用审美观点、用合适的配座去张扬观赏石之美。观赏石配座的最高境界是让人在感受大自然鬼斧神工魅力的同时也感受人文艺术之美。因此在配座创作过程中，必须要追求"超脱世俗、天人合一"的境界。在底座创作方面，"合适"是最重要的，设计配座必须遵循"顺其自然、巧夺天工"的原则。底座设计是一种艺术创作，必须为主题服务，细节决定成败，严谨成就经典。底座创作必须借鉴和融会其它艺术精华，从而使观赏石拥有更大的表现舞台，形成浓郁的文化气息。好的配座不但能最大程度地展现奇石的自然魅力，同时也能使玩石、赏石这门艺术获得广泛的认同，这是一个"天人合一"的过程。

设计配座忌"过度包装"和"喧宾夺主"。如果一定要用一个简单的量化来说明"过度包装"这个问题，可以这样理解：如果一枚奇石在成为一件观赏石作品的过程中不能做到"一加一大于二"，或者给观赏者以"买石还不如买配座"的感觉，那么这个配座就有可能是"过度包装"或"喧宾夺主"了；当一件观赏石作品呈现在大家面前，而它的底座配置与奇石相加的效果远远大于"一加一等于二"时，就可以确定为观赏石配座的整体设计成功。

玛瑙石的命题

种类命名

对玛瑙石种类的命名大致分为四种：一是根据产地命名；二是根据石形命名；

三是根据石之图案纹理命名；四是根据石之色彩、质地命名。

作品命题

赏石艺术是一种发现和创造。观赏石命题的作用与意义在于点化主题、表达情意、启迪思维、拓宽境界、升华神韵、加深印象。一个好名字对于观赏石能起到画龙点睛的作用，寥寥几个字甚至一两个字就可以使石头的意蕴美显现出来，扩大和延伸观赏石本身所能够达到的意境美、神韵美、韵律美、纹理美、色泽美，提升观赏石的思想性和艺术性。

命题总的原则是：要含蓄、忌直白、勿粗俗，强调文学性、艺术性。得画意、讲意境、求内涵，留给人以遐想驰骋的空间。

命题大致类型：

1. 像什么，就叫什么。人物、动物、植物、山形象形石等，都采用象形题名的方法。这种题名简单明了，是最简单的一种题名方法。如"极品石""雏鸡出壳"、"阿诗玛"、"中国地图石"就十分醒目，非常贴切。

2. 借诗或成语命名。各种石均可用的一种命题方法，即借助名诗佳句来题名。如"独钓寒江雪"、"飞流直下三千尺、疑是银河落九天"、"龟蛇锁大江"等等，这种方法能突出诗意画境，抒发情怀。

3. 通过联想、比喻进行题名。这种命名比较含蓄。想一想文学、雕塑等艺术作品中有没有它的影子。如果有，拿来用，不仅使石头有了名字，而且巧妙地将文学家、艺术家呕心沥血创造的意境"移情"到你的石头上了。

4. 禅意命名。各种石均可用的一种命题方法，是用真趣永长、静观默对的方法给石命名。如"净境超尘"、"梵音袭人"、"超然物外"、"空山有音"等等。禅意石命名最好与禅有关。

奇石命名切忌平庸、牵强、低俗无味。命题宜一目了然、名副其实。表达主题的形式完全可以多种多样、不拘一格。作品与命题两者应吻合无间。做到了这点，就体现了作者对命题的严肃认真和对欣赏者负责的态度。

好的命题是一把火炬，照亮赏石者进入奇石所赋涵的奥秘殿堂，让赏石者随着"命题"指引的道路，去观赏、去揣摩，进行赏石再创作，并展开想象的翅膀，在奇石韵境里任意翱翔，从中得到无尽的美的享受、陶醉和感悟。

玛瑙石的辨伪

奇石的收藏非常讲究"天然"。因此仿造者主要通过改变石头的形状和颜色来以假乱真。

在收藏奇石的时候，主要辨伪方法是"二看"：

一要看"皮"。如果"皮"受到了损坏，甚至完全没有了，那可以毫无疑问地说，这块石头上至少有人工的痕迹。

二要看颜色。有些人会用有色染料浸泡、高温增色和酸洗退色等手段来作伪。鉴别的方法也简单，用沸水冲刷、浸泡就可发现其色泽发生变化。

伪石的制作，一是用手工工具，对肥厚的观赏石进行"瘦身减肥"，进行透、漏的加工，但这样一来，石的表面往往会留下较明显、有规律的加工痕迹；二是用机械工具进行加工，石头上也不可避免地留下机械加工的弧形痕迹；三是通过填充、镶嵌、挫修整理，使加工的伪石更加自然，但填充物与原石的缝隙连接处会留下粘连的规则痕迹；四是通过刀刻、喷沙、抛磨等工艺，使其加工石头的观赏性突现；五是用酸冲刷、浸泡，洗刷人工的制作痕迹，但是用酸洗泡后的石头表面原始风化层几乎丧失，石头的内孔或外表往往会形成一层特有的酸洗膜；六是用模压加工的方法，把制作的图案粘贴到主体石头上，经模压成型后再加工，不仔细鉴别很容易造成误藏，但只要用火烘烤，就会发现问题；七是用有色染料浸泡、高温增色和酸洗退色等做法，只要用沸水冲刷、浸泡就可发现其色泽发生变化；八是通过用聚脂、染料、高浓度胶水等混合物对石头表面或有缺陷的位置进行注胶处理，为伪石增色、改形，鉴识此类观赏石除用火烤测试外，还可以用刀刮、针挖等方法。

玛瑙石遍天下

世界上玛瑙著名产地有印度、巴西、美国、埃及、澳大利亚、墨西哥等国。我国玛瑙产地分布也很广泛，几乎各省都有，著名产地有黑龙江、辽宁、河北、新疆、宁夏、内蒙古等地。

现将玛瑙主要产地介绍如下：

黑龙江逊克玛瑙

逊克玛瑙石，产于黑龙江逊克县宝山乡。逊克县位于黑龙江省北部边疆，小兴安岭中段北麓，黑龙江中游右岸，有14公里的国境线，与俄罗斯阿穆尔州米哈伊洛夫区隔江相望。逊克玛瑙石产于第三系孙吴组松散砂砾层中，主要分布于逊克县阿延河流域。逊克因玛瑙石的产量丰富、品位上乘而得名，有"玛瑙故乡"之称。

该石质地坚硬，摩氏硬度约为7。色彩绚丽温润，俏色丰富，晶莹剔透，富贵华丽，造型精巧，浑然天成，极具观赏价值和收藏价值。颜色有粉红、红、深红、杏黄、浅绿等。透明度好，块度大。玛瑙石毛石的棱角线和不规则的凸起部分过度圆滑，石上平面部分，亦有当年裸露在地表上风蚀雨浸后留下的斑斑坑洼。尤以当地10米以下深土层中挖掘出的色质最佳。1978年曾采过32.4公斤的水胆玛瑙。

逊克县宝山乡境内玛瑙石储藏量丰富。现有面积为1352公顷的县级玛瑙石自然保护区，储量为122.034万吨。目前已开发的产品品种有天然自成的玛瑙观赏石及玛瑙工艺品、旅游纪念品、半装饰品、人物花卉、动物肖像、文化娱乐品等，产品多次在省、部、国家获奖。生产的玛瑙产品远销日本、韩国、东南亚及俄罗斯等地。

内蒙古葡萄玛瑙

产于内蒙古阿拉善盟苏宏图以北20公里处火山口附近，是20世纪80年代阿拉善石友发现的新石种。该石坚硬如玉，摩氏硬度为6.5至7，晶莹剔透，色彩绚丽，呈浅红至深紫等色，半透明，造型奇特。石上通体满布色彩斑斓、大小不一、浑然天成的珠状玛瑙小球，互相堆积，流珠挂玉，犹如串串葡萄，故名。有的石上偶有似鱼眼睛一样的玛瑙珠。

其成因主要是火山喷发的时候，岩浆的黏度比较大，浆液里面的气泡很多，往上滚的时候，会形成一个圆的张裂表面，当结在一块时，又没有弄破，最后形成一个空洞。这个空洞形成之后，经过二氧化硅的充填，最后聚成葡萄状玛瑙。

辽宁阜新玛瑙

产于辽宁省阜新市阜新县、彰武县。原生矿主要分布在阜新县的老河土、十家子、苍土、泡子、清河门、七家子和彰武县的五峰、苇子沟等地，其中老河土乡和十家子乡的储量尤多。

阜新原生玛瑙矿产于侏罗系上统义县组安山凝灰岩及建昌组火山熔岩、火山碎屑岩中，属火山热液充填型矿床。摩氏硬度为6.9－7.1，比重为2.6－2.7，折光率为1.54左右，断口呈贝壳状，具有玻璃光泽。颜色以白、灰白、红、蓝为主，紫、绿少量。块度一般为1.5至5.5厘米，大者体积为20厘米×25厘米×40厘米，最大直径可达0.8至1米。

该石质地细腻，色泽光艳缤纷，纹理瑰丽，晶莹剔透，天然丽质，是艺术雕刻之佳材。阜新是中国玛瑙主要产地，其玛瑙石的开采利用已有8000年历史，历经辽代、清代两个繁荣时期。

吉林柏子玛瑙

产于吉林省四平市、长春市农安县等地。

《云林石谱》："黄龙府山中产柏子玛瑙石，色莹白，上生柏枝，或黄或黑，甚光润。顷年白蒙享奉使北虏，虏主遗以一石，大若桃，上有鸲鹆如豆许，栖柏枝上，颇奇怪。又有一种，中多空，不莹彻，予获一块，如枣大，如贮药数百粒。"

注：黄龙府，现吉林省长春市农安县。

江苏宝积山玛瑙

产于江苏省淮安市盱眙县宝积山。该石近似雨花石。《云林石谱》玛瑙石："泗州盱眙县宝积山与招信县皆产玛瑙石，纹理奇怪。宣和间，招信县令获一石于村民，大如升，其质甚白，既磨砻，中有黄龙作蜿蜒曲屈之状，归置内府。"

注：泗州盱眙县，今江苏盱眙县。

山东土玛瑙

产于山东省临沂市莒南县、沂水县、费县、临沂及日照市莒县等地。该石质地不佳，半透明，多呈灰、白、红三色，石上有苔纹和胡桃纹理，花纹如玛瑙红，多而细润者佳。《聊斋杂记·石谱》沂州土玛瑙："红多，细润，不搭粗石者佳；胡桃花者佳；大云头及缠丝者次之；红、白粗花者又次之。可锯板，嵌桌面、床屏。"

河南省伊河流域白玛瑙

产于河南省洛阳市伊河流域。白玛瑙质地坚硬，玉润晶莹，半透明，颜色有白色、乳白色、灰白色或无色等。石中纹理如山似峰、如人似兽，耐人寻味。

湖北玛瑙

也称三峡雨花石，主要产于湖北省宜昌地区流经宜昌、当阳、枝江的玛瑙河流域。该石近似雨花石，呈红、黄、白、绿、紫、黑等色，五彩斑斓，散落于玛瑙河滩。在当地有诸多称谓，枝江人称"玛瑙"，夷陵区人称"玛光"，猇亭区人称"玉石"，也有称"五彩石"、"花石头"等。宜昌玛瑙石的储量较多，在夷陵区的土门、丰宝山，猇亭区的云池、高家、桃子冲、石板冲、马宗岭、虎牙，西陵区的窑湾，伍家区的伍家乡等地均有发现，分布面积约400平方公里。宜昌枝江一带早在1000多年前就有人收藏雨花石，但产地大都被林地覆盖，雨花石多从山体自然崩塌等裸露处拾取。玛瑙石多是半透明的玛瑙，石质坚硬，多为扁圆形。其色彩、种类、石质等方面与南京雨花石大致相似，但宜昌的玛瑙石内含矿物杂质较多，构成的图纹更为丰富；且个体大，直径在 10 厘米以上的玛瑙石较为常见，少数可达 20 公分以上；还有为数不少的绿色玛瑙石。

喜玛拉雅山玛瑙

产于西藏喜玛拉雅山脉。该石质地坚实细腻，晶莹剔透；色彩斑斓，饱满光亮；纹路清晰，多有天然图案。

产于西藏山南地区的天然水草玛瑙，色泽鲜艳，美丽典雅，里面的水草絮状物为天然矿物质成分。

另有俗称玛瑙石的天珠原石，属于九眼石页岩，是沉积岩的一种，为薄页片状岩石，含有玉质及玛瑙成分，摩氏硬度为 7 － 8.5，蕴藏于平均海拔 4000 米以上的喜马拉雅山域。

新疆玛瑙

产于新疆哈密火山岩荒漠地区的淖毛湖戈壁和沙尔湖戈壁一带。玛瑙属火山岩产物，由隐晶质纤维状玉髓组成，硬度约为 7，主要生成于中基性熔岩的空洞及裂隙中。新疆玛瑙石属戈壁坡积型风成石，其体量及石肤的天成性，均适宜作奇石观赏。

新疆玛瑙石是在强风蚀、强物理风化等独特环境中生成的，一般体量不大，石体坚硬莹润、色泽绚美、纹理绮丽，色彩主要有红色、琥珀色和白色等，其中以红色为最好。其造型依原生空间和后期风蚀的不同，有山景、动物等，形色俱佳、意境深远者可谓珍品。

新疆玛瑙资源丰富，主要分布在天山和东准噶尔等地区，在新疆哈密戈壁巴里坤县还有大片玛瑙滩，足有十几平方公里，质地极佳的玛瑙随处可见。但要作为奇石类的玛瑙石，其对体量的大小和石肤的天成纹理则有一定要求。

宁夏玛瑙

产于宁夏沙漠中。玛瑙石是在火山喷发过程中形成的，晶莹剔透，色泽艳丽，富贵华丽，造型精巧，浑然天成，有形状如积聚在一起的葡萄或珍珠，极具观赏价值和收藏价值。

话说天价玛瑙奇石

中国大陆价值亿元的"疯狂石头"有 6 块，其中有三块是玛瑙，即玛瑙石《鸡雏出壳》、《岁月》、《中国版图葡萄玛瑙》。价值百万和千万的玛瑙石也屡见不鲜。

目前，对天价奇石现象褒贬不一。有人说这是炒作行为，有人说这是艺术估价，众说纷纭，莫衷一是。本人拙见：天价奇石自古有之。秦始皇大兴土木兴建阿房宫时，就用了不少的奇异怪石、玉石。汉武帝修造上林苑，也把大规模的奇石搬入皇宫之中，奇峰异石成了皇宫奇景，成了皇亲国戚独享之物。当时，玩石、赏石、藏石、贩石成了上层社会的时尚，自此经久不衰，一些文人墨客更视其为雅趣，吟颂推崇备至。米芾就曾以"灵璧研山"换住豪宅，并作诗"研山不复见，哦诗徒叹息。惟有玉蟾蜍，向余频泪滴。"以此抒发自己的悔恨和失落，足见米芾为用"灵璧研山"换豪宅而抱怨终生的心情。这就是当时的"天价奇石"。

奇石作为艺术品为大多数人所认可。做为原生态艺术品（也叫大自然艺术品），它丝毫不逊色于人类文明所创造的艺术成果。精品的奇石还具有其他人为艺术品无法共具的"稀有性"、"奇特性"、"不可再生性"、"独一无二性"，而且"无法复制"。在艺术品市场，百万、千万、上亿的成交，比比皆是，又何尝不是"天价"呢？"天价"一词，就真的那么可怕吗？精品奇石就不应有"天价"吗？

什么叫"天价"？不同层次的人有不同程度的认为。从经济条件上看，工薪阶层拿几千、几万购买一块石头，他认为那是"天价"；大富翁拿几十万、几百万、几千万甚至上亿元购买一块奇石，他认为无所谓。从艺术发现这个精神成果上看，因资历、兴趣、爱好等不同对判别结果存在差异，是摆在我们面前的一项深层次的课题。一般遵循这样一个规律，不奇不异不值钱，越奇越异越值钱，价值与奇异程度呈正比关系。衡量标准不一样，所得"天价"也不可同日而语。奇石珍品比之古玩、字画的精品更少，而且同一门类不可能再生和发展，这就决定了它的珍贵性。就艺术魅力而言，一些造型类奇石精品甚至比雕塑更富有想象力和表现力；一些画面石精品甚至超出了一些艺术大师的创造能力，以最佳的表现手法概括或再现了人们的艺术构思。这样的珍品奇石以其鬼斧神工的艺术魅力，让收藏者充分体验到一种以金钱、权力换不来的快乐，一种天公独宠的幸运满足，一种与欣赏人类顶级文物艺术品相似的审美享受。

"天价奇石"如何走向市场并得到社会的认可呢？一是要加大宣传力度，引起人们的足够重视。二是必须遵循经济规律，受市场价格的制约。三是用艺术的角度来发现与衡量奇石的价值。相信奇石市场价格将会由无序变有序，逐步走向正规化。那时，我们希望有价格更高并且有接盘承诺的天价奇石。

"黄金有价石无价"，时间是检验"天价奇石"的最好标准。

附录一：《观赏石鉴评标准》

——中华人民共和国国土资源部

中华人民共和国地址矿产行业标准 DZ/T0224 - 2007

(2007.09.14发布　2007.09.20实施)

1、范围

本标准规定了观赏石的分类、观赏石的鉴评要素、观赏石的鉴评标准、观赏石的等级分类及观赏石的鉴评原则等。

本标准适用于各级组织的观赏石鉴评活动。

2、术语和定义

下列术语和定义适用于本标准。

观赏石有广义、狭义之分。本标准指狭义的观赏石，即在自然界形成且可以采集的，具有观赏价值、收藏价值、科学价值和经济价值的石质艺术品。它蕴涵了自然奥秘和人文积淀，并以天然的美观性、奇特性和稀有性为其特点。

3、观赏石鉴评原则

观赏石的鉴评原则必须坚持"公平、公正、公开"的基本原则，不得弄虚作假，鉴评专家必须严守职业道德，增强责任感，对鉴评工作负责。

4、观赏石分类

我国地域辽阔，地质条件复杂，地貌类型多样，观赏石资源十分丰富，种类繁多。根据观赏石产出的地质背景、形态特征，以及观赏者的人文意识和审美取向，将观赏石分为以下五种基本类型：

（1）造型石类

造型石以各种奇特造型为其主要特征，具有立体形态美，大多是在各种外力地质作用下形成的。由于产出地址背景的不同，造型石往往表现出鲜明的地域特色。

（2）图纹石类

图纹石以具有清晰、美丽的各种纹理、层理、斑块为其主要特征。常在石面上构成艺术图案。它的形成主要与岩石本身的特性有关。

（3）矿物类

矿物是由地质作用所形成的天然单质或化合物，具有相对确定的化学组成和内部结构，是组成岩石的基本单元。矿物类观赏石主要为矿物晶体，也包括一些非晶质矿物。它以自发长成的几何多面体外形、丰富的色彩和各异的光泽为其特征。

（4）化石类

化石是指在地质历史时期形成并保存于地层中的生物遗体、遗迹、遗物等。按其保存类型有实体、模铸、印痕等化石。化石以其特有的珍稀性和观赏性为人们收藏和观赏。

（5）特种石类

特种石类是指与人文或历史有关的石体；具有特殊纪念意义的石体，以及地质成因极为特殊的石体，以及前四类含盖不了的其他具有收藏和观赏价值的石体。

5、观赏石鉴评要素

（1）鉴评要素应能体现观赏石的完整性、美观性、生动性、神韵性为总的原则。具体分为基本要素和辅助要素。

（2）基本要素：形态、质地、色泽、纹理、意韵。

（3）辅助要素：命题、配座。

6、观赏石鉴评标准

（1）造型石

形态（50分）：造型奇特优美，婀娜多姿，观赏性好，能以形传神；

意韵（10分）：文化内涵丰厚，意境深远，含蓄回味；

质地（10分）：韧性大，石肤好或差异风化强；

色泽（10分）：总体柔顺协调，或构型不同部位的颜色对比度好；

纹理（10分）：自然流畅，曲折变化与整体造型相匹配；

命题（5分）：立意新颖，贴切生动，富有文化内涵，具有较强的的科学性和文化内涵。

配座（5分）：材质优良，工艺精美，烘托主题，造型雅致。

（2）图纹石

图象（40分）：图象清晰，画面完美，有整体感；

纹理（10分）：清晰自然，曲折有序，花纹别致；

意韵（20分）：文化内涵丰厚，意境深远，神形兼备，情景交融；

质地（10分）：韧性大，石肤好，光洁细腻；

色泽（10分）：色泽艳美，协调性好；

题（5分）：立意新颖，贴切生动，富有文化内涵；

配座（5分）：材质优良，工艺精美，烘托主题，雅致协调。

注：个别石种允许切割、打磨、抛光。

（3）矿物晶体

1. 形态（40分）：晶形发育完好，晶体完整，晶簇等集合体优美奇特；

2. 色泽（20分）：色泽瑰丽，色调丰富，光泽感强；

3. 质地（20分）：晶体纯净，透明度高，非晶质矿物密致温润；

4. 稀缺（10分）：稀缺矿物分值高，包裹体、双晶及连生体仪态万千；

5. 组合（10分）：共生矿物组合品种多，层次分明，色彩、造型、围岩相互衬托。

（4）化石

形态（40分）：体态丰满，保存完整，主次兼备，造型优美，动感性强；

意韵（20分）：生态背景和生存活动迹象鲜明，生物组合多样；

知底（20分）：石化实体致密坚硬，异化后的矿物质特殊，印痕等保留有原生物质者佳；

色泽（10分）：存有原生物体颜色，或异化后石质颜色美，化石与围岩色彩反差强；

命题（10分）：立意新颖，贴切生动，具有较强科学性和艺术性。

（5）特种石

特种石中同一类数量较多时，亦可参照上述标准进行鉴评。

7、观赏石等级分类

观赏石的等级分为：

特级：总计评分 91 - 100 分。

一级：总计评分 81 - 90 分。

二级：总计评分 71 - 80 分。

三级：总计评分 61 - 70 分。

8、观赏石鉴评证书规定

a）统一编号；

b）防伪标识；

c）观赏石协会、主办单位或组委会印章；

d）注明时间、名称、石种、产地、尺寸鉴评等级。

附录二：天下宝玉石主要种类

宝石

金刚石、萤石、红宝石、蓝宝石、赤铁矿、水晶、尖晶石、金绿猫眼、黄绿猫眼、黄宝石、绿宝石、祖母绿、碧玺、蛋白石、紫晶金矿石、石英等。

玉石

玛瑙、碧玉、灵璧玉、和田玉、岫岩玉、南阳玉、翡翠、蓝田玉、孔雀石、绿松石、东陵玉、准噶尔玉、夜光玉、硅孔雀石、绿冻石、青金石、金黄玉、冰花玉、英石等。

彩石

寿山石、田黄石、青田石、鸡血石、五花石、长白石、端石、洮石、松花石、雨花石、巴林石、贺兰石、菊花石、紫云石、磬石、燕子石、歙石、红丝石、太湖石、昌化石、蛇纹石、上水石、滑石、花岗石、大理石等。

有机宝石

琥珀、珍珠、煤精等。

附录三：赏石诗词、名句

赏石诗词

咏"飞来石"

秦·《粤西诗载》

终身不归去，化作山头石。

醉石

宋·程师孟

万仞峰前一水傍，晨光翠色助清凉。
谁知片石多情甚，曾送渊明入醉乡。

咏孤石

南北朝·惠标

中原一孤石，地理不知年。
根合彭泽浪，顶入香炉烟。
崖成二鸟翼，峰作一池莲。
何时发东武，今来镇蠡川。

赋及临阶危石

隋·岑德润

当阶耸危石，殊状实难名。
带山疑似兽，浸波或类鲸。

云峰临栋起，莲影入莲生。
楚人终不识，徒自蕴连城。

庐山遥寄卢侍御虚舟

唐·李白

闲窥石镜清我心，谢公行处苍苔没。
早服还丹无世情，琴心三叠道初成。

梦游天姥吟留别（节句）

唐·李白

千岩万转路不定，迷花倚石忽已暝

望夫石

唐·李白

仿佛古仪容，含愁带曙辉。
露如今日泪，苔似昔年衣。
有恨同湘女，无言类楚妃。
寂然芳霭内，犹若待夫归。

石镜

唐·杜甫

蜀王将此镜，送死至空山。
冥寞怜香骨，提携近玉颜。
众妃无复叹，千骑亦虚还。
独有伤心石，埋轮月宇间。

太湖石

唐·白居易

烟翠三秋色，波涛万古痕。
削成青玉片，截断碧云根。
风气通岩穴，苔纹护洞门。
三峰具体小，应是华山孙。

双石

唐·白居易

回头问双石，能伴老夫否？
石虽不能言，许我为三友。

雪浪石

宋·苏轼

太行西来万马屯，势与岱岳争雄尊。
飞狐上党天下脊，半掩落日先黄昏。
削成山东二百郡，气压代北三家村。
千峰石卷蠹牙帐，崩崖凿断开土门。
媧来城下作飞石，一炮惊落天矫魂。
承平百年烽燧冷，此物僵卧枯榆根。
画师争摹雪浪势，天工不见雷斧痕。
离堆四面绕江水，坐无蜀士谁与论？
老翁儿戏作飞雨，把酒坐看珠跳盆。
此身自幻孰非梦，故国山水聊心存。

题苍雪堂研山

宋·米芾

五色水，浮昆仑，潭在顶，出黑云。
挂龙怪，烁电痕，极变化，阖道门。

昆山石

宋·陆游

雁山菖蒲昆山石，陈叟持来慰幽寂。
寸根蠡密九节瘦，一拳突兀千金值。

为苏致哀词

宋·张芸来

石与人俱贬，人亡石尚存。

题幽石

宋·太史章

痕疑神所凿，不与众岩俱。

镇地形何直，参天势自孤。

鹤栖乔木稳，猿揽古藤粗。

欲得丹青手，和云画作图。

题柯敬仲博士画石

元·钱惟善

石逾玉润不生苔，铁笛吹残自裂开。
绝似雨晴炎海上，一双翡翠新飞来。

题乔柯秀石

明·张凤翼

怪石嶙峋虎豹蹲，虬柯苍翠荫空林。
亦知匠石不相顾，阅尽岁华多藓痕。

咏石

清·曹雪芹

爱此一拳石，玲珑出自然。
溯源应太古，随世又何年。
有志归完璞，无才去补天。
不求邀众赏，潇洒做顽仙。

石隐园

清·蒲松龄

年年设榻听新蝉，风景今年胜去年。
雨过松香生客梦，萍开水碧见云天。
老藤绕屋龙蛇出，怪石当门虎豹眠。

我以蛙鸣间鱼跃，俨然鼓吹小山边。

题大理石

清·高其倬

水清石瘦便能奇，恰是东坡居士诗。
况复雨余云破处，更当江山月圆时。

与石居

近现代·沈钧儒

吾生尤爱石，谓是取其坚。
掇石满吾居，安然伴石眠。

赏石名句

园无石不秀，室无石不雅，山无石不奇，水无石不清。

雅石可心悟，雅石可劝世。
雅石可格物，雅石可启智。

石奇含天地，趣雅意隽永。

赏石清心，赏石怡人，赏石益智，赏石陶情，赏石长寿。

花若解语还多事，石不能言最可人。

怪石以丑为美，丑至极处，便是美致极处。

太似媚俗不可取，不像欺世休张狂。
相逢有缘不可求，水到渠成奇石双。

奇石可遇不可求，岂能易金暂时欢。

附录四：地质年代及生物演化简表

宙[宇]	代[界]	纪[系]		世[统]	同位素年龄[单位：亿]		生物演化
					开始时间	终止时间	
显生宙	新生代Kz	第四纪Q		全新世Q₄ 晚更新世Q₃ 中更新世Q₂ 早更新世Q₁	164万年	至今	人类出现
		第三纪R	晚第三纪	上新世N₂ 中新世N₁	2330万年	164万年	近代哺乳动物出现
			早第三纪	渐新世E₃ 始新世E₂ 古新世E	6500万年	2330万年	
	中生代Mz	白垩纪K		晚白垩世K₂ 早白垩世K₁	1.35亿年	6500万年	被子植物出现
		朱罗纪J		晚侏罗世J₃ 中侏罗世J₂ 早侏罗世J₁	2.08	1.35	鸟类、哺乳动物出现
		三叠纪T		晚三叠纪T₃ 中三叠纪T₂ 早三叠纪T₁	2.50	2.08	
	古生代Pz	二叠纪P		晚二叠纪P₂ 早二叠纪P₁	2.90	2.50	裸子植物、爬行动物出现
		石炭纪C		晚石炭世C₃ 中石炭世C₂ 早石炭世C₁	3.62	2.90	
		泥盆纪D		晚泥盆世D₃ 中泥盆世D₂ 早泥盆世D₁	4.09	3.62	节蕨植物、鱼类出现
		志留纪S		晚志留世S₃ 中志留世S₂ 早志留世S1	4.39	4.09	裸蕨植物出现
		奥陶纪O		晚奥陶世O₃ 中奥陶世O₂ 早奥陶世O₁	5.10	4.39	无颌类出现
		寒武纪∈		晚寒武世∈₃ 中寒武世∈₂ 早寒武世∈₁	5.70	5.10	硬壳动物出现
元古宙	新元古代Pt	震旦纪Z		晚震旦世Z₃ 中震旦世Z₂ 早震旦世Z₁	8.00	5.70	裸露动物出现
					10.00	8.00	
	中元古代Ar				18.00	10.00	真核细胞生物出现
	古元古代				25.00	18.00	
太古宙					38.50	25.00	晚期有生命出现、叠层石出现
冥古宙						38.50	

后　记

在《嫩江水冲玛瑙鉴赏图录》一书落笔之际，向对我们拣石、品石、探索、研究、宣传、报导工作曾给予大力支持的各界朋友，谨表衷心感谢。

1. 摆渡我们到江滩拣石的尚未留下姓名的嫩江江畔诸位渔翁。

2. 为我们拣石创造条件的嫩江江畔各砂场领导和刘凤林、牛贺英等工友。

3. 肝胆相照，为开创嫩江水冲玛瑙辉煌做出无私奉献的曲玉全、王冬昕、王明海、高庆奎等广大石友。

4. 宣传报导嫩江水冲玛瑙的《石友》、《中华奇石》、《宝藏》杂志和《中国商报——收藏拍卖导报》、《大众收藏报》、《鹤城晚报》及齐齐哈尔电视台《感悟奇石》专访组等媒体的编导和记者。

5. 将嫩江水冲玛瑙纳入 2009 年《最具价值的玛瑙石》、《最具价值的文字石》、《最具价值的食品石》的"中国奇石交易网 www.s1288.com"网站。

6. 积极参与并报导《北国石界第一次盛会》，取得良好社会影响的王亚力先生。

7. 通过半年多时间调查核实，将嫩江水冲玛瑙首次纳入《黑龙江省观赏石指南》的黑龙江省观赏资源调查与编图工作组组长王荣才先生和工作组全体成员。

8. 为弘扬嫩江水冲玛瑙石文化，书写条幅并为本书作序的著名书法家、姓名书法创建人提中太先生；书写条幅的银川市《石墨轩》创办人李启金老师（兼宁夏书画研究院副院长）；八十高龄的中国老年书画研究会会员、内蒙古绿宝石书画院院士傅文治老师。

9. 为我们提供嫩江史料的齐齐哈尔市河道管理处处长。

我们将印刷《嫩江水冲玛瑙赏鉴图录》一书的珍藏版，敬赠曾给予我们大力支持的各界朋友留作纪念！

冯善良　杨亚娟

2010. 12. 1

哺
左：宽2.3厘米，高1.4厘米，厚0.8厘米
右：宽3.1厘米，高4.4厘米，厚2.4厘米

大嘴怪
宽6.4厘米
高6.3厘米
厚4.9厘米

无限风光

桂林山水
宽3.8厘米
高4.8厘米
厚2.0厘米

江山如此多娇
宽3.3厘米
高5.4厘米
厚3.5厘米